MEDIAÇÃO DE CONFLITOS

Pacificando e prevenindo a violência

Dados Internacionais de Catalogação na Publicação (CIP)
(Câmara Brasileira do Livro, SP, Brasil)

Mediação de conflitos: pacificando e prevenindo a violência / Malvina Ester Muszkat, (organizadora). – 3. ed. – São Paulo: Summus, 2003.

Vários autores.
Bibliografia
ISBN 978-85-323-0833-7

1. Administração de conflitos 2. Mediação 3. Psicologia social
4. Relações interpessoais. 5. Solução de problemas 6. Violência
I. Muszkat, Malvina Ester

03-2012 CDD-303.69

Índices para catálogo sistemático:
1. Conflitos: Mediação: Sociologia 303.69
2. Mediação de Conflitos: Sociologia 303.69

www.summus.com.br

EDITORA AFILIADA

MEDIAÇÃO DE CONFLITOS

Pacificando e prevenindo a violência

Malvina Ester Muszkat
(Organizadora)

summus
editorial

MEDIAÇÃO DE CONFLITOS
Pacificando e prevenindo a violência

Capa: **Carlos Zibel**
Editoração e fotolitos: **All Print**
Impressão: **Sumago Gráfica Editorial Ltda.**

Summus Editorial
Departamento editorial:
Rua Itapicuru, 613 – 7º andar
05006-000 – São Paulo – SP
Fone: (11) 3872-3322
Fax: (11) 3872-7476
http://www.summus.com.br
e-mail: summus@summus.com.br

Atendimento ao consumidor:
Summus Editorial
Fone: (11) 3865-9890

Vendas por atacado:
Fone: (11) 3873-8638
Fax: (11) 3873-7085
e-mail: vendas@summus.com.br

Impresso no Brasil

Sumário

Apresentação

O Estado é o violador por excelência dos direitos humanos. Mesmo em tempos recentes, o Estado não se vem revelando capaz de corresponder plenamente a todas as grandes necessidades e aspirações da sociedade, principalmente das grandes camadas desvalidas da sociedade, devolvendo a ela a responsabilidade de cumpri-las diretamente, mantendo apenas um papel regulador, em muitos casos. As características dessa situação de violação são, entre outras: o distanciamento entre Estado e cidadania; a confusão entre público e privado e a existência de soluções não-solidárias como práticas oficiais ou, pelo menos, não coibidas pelo Estado.

De outro lado, a cultura jurídica preponderante, reforçada pelo ensino jurídico, é demandista. Na disputa judicial a obtenção da vitória é o que se deve perseguir. Por conseqüência, o direito processual tornou-se mais importante que o direito material regulador do conflito que o processo "visaria" solucionar. As estatísticas judiciais apontam (e magistrados de grande sensibilidade reconhecem) que parte importante dos conflitos judiciais é *resolvida* com soluções somente processuais (sem resolução de seu mérito). E, quando atingem o mérito, muitas vezes as decisões não solucionam o conflito se não reconhecem um vencedor da disputa (isso não é problema da cultura dos operadores de direito, e sim característica do sistema vigente).

O espaço judiciário reservado para solução do conflito e suas regras, não poucas vezes, contribui para agravá-lo. Não é de estranhar, portanto, ter o IBGE (no penúltimo censo) divulgado números interessantes: 55% dos conflitos são resolvidos fora do Estado, sem interferência dos operadores de direito, do juiz, do delegado, do promotor... Existe um sistema oficial para a resolução dos conflitos, mas apenas 45% deles vão ao sistema oficial. Duas conclusões tiramos daí: primeira, a questão da justiça não é mais uma questão dos operadores da justiça, mas da cidadania toda; e a segunda: esses 55% resolvem-se de alguma outra forma, às vezes por processos pacíficos, mas muitas vezes por métodos violentos, justiça pelas próprias mãos, vigilantismo, linchamento, pedágios de quadrilhas, a lei do mais forte, a lei do traficante etc.

Essas reflexões ocorreram ao grupo que planejou as ações nas áreas de justiça e cidadania do governo Mário Covas para os anos 1995-98. Daí por que, de início por intuição, entendemos necessário aplicar a qualquer política, nessa área da justiça e da cidadania, algumas idéias fundamentais: uma *nova idéia de direitos humanos* (atuar com os princípios da universalidade e da indivisibilidade dos direitos); uma *nova idéia de Estado* (um Estado que funcione menos segmentado, mais amigável para seus usuários, admitindo seus direitos à qualidade, à informação e ao controle dos serviços); *incentivo a parcerias* (o Estado deve chamar a comunidade, a universidade, as organizações não-governamentais, ou as organizações públicas de caráter não-governamental, as empresas imbuídas de senso de responsabilidade social); *promoção da multidisciplinaridade e da multissetorialidade* (incentivar vários segmentos, do Estado ou fora dele, a convergirem suas ações para o objetivo daquela política pública, promovendo a economia de recursos e a convergência de esforços); *reforço às atividades de educação* (para transformar uma cultura violadora de direitos em uma cultura cumpridora desses direitos).

Essas idéias-intuição constituíram a essência do "reaproximar o Estado da cidadania", de uma forma solidária, filosofia das unidades do Centro de Integração da Cidadania (CIC) e do Centro de Referência e Apoio à Vítima (Cravi). Elas se tornaram princípios e ganharam concreção pela parceria com entidades como a Pró-Mulher, Família e Cidadania (PMFC).

A PMFC ajudou-nos a criar espaços multidisciplinares, sem autoridade intimidatória, amigáveis, adequados ao processo de redemocratização que vivemos. Os espaços foram criados em regiões periféricas da capital do estado e favoreceram e incentivaram o acesso de lideranças de mulheres, por sua filosofia, pela sua localização e pelo horário de funcionamento. Essa parceria constituiu-se em modelo de política pública porque conciliou objetivos socialmente importantes perseguidos por meios justos e éticos, fundados em princípios de cidadania. Este é, portanto, o momento de agradecer a Malvina Muszkat e sua equipe e aguardar que a experiência, divulgada dessa forma, ganhe cúmplices e se multiplique.

Belisário Santos Jr.
Bacharel em Ciências Jurídicas
e Sociais pela USP, secretário
da Justiça e da Defesa da Cidadania
do Estado de S. Paulo no governo Covas.

Prefácio

Aprofundar o conhecimento sobre aspectos que constituem a violência de gênero é relevante pela gravidade que tal problema representa na vida social e também como tema estratégico de investigação no interior do debate acadêmico, sobretudo entre os estudos de gênero. Nesse sentido, discorrer sobre esse fenômeno exige uma perspectiva que não perca de vista enfrentar, de modo simultâneo, questões que visam ao refinamento conceitual e à produção de informações úteis para a formulação de políticas mais eficientes.

Mesmo depois do reconhecimento oficial da ONU de que a violência contra a mulher constitui atentado contra os direitos humanos no início dos anos 1990, espanta a limitação de informações seguras e atualizadas para todo o mundo e, principalmente, no Brasil. Nosso país criou, em uma atitude pioneira, as delegacias especializadas no atendimento desse tipo de violência a partir da década de 1980.[1] Contudo, tal inovação não garantiu a ampliação de nosso universo de conhecimento sobre o problema.[2] Para se ter uma leve noção, temos dados para todo o país

1. A primeira Delegacia de Defesa da Mulher foi criada em 1985, por iniciativa do Conselho Estadual da Condição Feminina e pelo então secretário estadual da Segurança, Michel Temer. Entre os estudos disponíveis sobre a atuação dessas delegacias, chamo particular atenção para os estudos de Soares (1996), Carrara (1996) e Brandão (1997).

2. A profª Helleieth Saffiotti coordena, desde 1994, uma grande pesquisa sobre Boletins de Ocorrência lavrados por Delegacias de Defesa da Mulher em 22 capitais e cidades do Brasil cujo título é: *Violência doméstica: questão de polícia e sociedade*. Infelizmente, pelo fato de esse estudo ainda estar em desenvolvimento, temos acesso a poucos dados, alguns deles mencionados a seguir.

apenas em uma publicação do IBGE no ano de 1988 – o suplemento sobre vitimização da Pesquisa Nacional por Amostragem Domiciliar (PNAD). Ele mostra, entre outras características, que 63% das vítimas de agressão física em espaço doméstico são mulheres, o que é revelador de uma clara circunstância, envolvendo relações conjugais. Mais grave é o dado de que, dos homicídios dolosos ocorridos no período, só 7,8% foram esclarecidos e, desses, 64% envolvem crimes passionais. Outra informação que merece salientar é proveniente da pesquisa da profª Saffiotti que, ao trabalhar com um universo de 170 mil Boletins de Ocorrência, indica que as lesões corporais são as principais queixas levadas pelas mulheres, o que também já havia observado em meu estudo sobre o SOS Mulher, no início da década de 1980 (Gregori, 1993). Tais indícios configuram, inegavelmente, a importância de salientar o "crivo" de gênero – das relações assimétricas entre as posições assumidas por homens e mulheres – no interior da vida doméstica e familiar.

Do ponto de vista do universo de pesquisas, e seguindo o último e competente balanço sobre os estudos de gênero no Brasil (Heilborn e Sorj, 1999), os trabalhos feitos desde 1975 sobre violência podem ser classificados em três linhas: a primeira enfatiza a justiça e o Judiciário e, em particular, o modo como eles operam em situações em que a classificação violência contra a mulher passa a operar; a segunda se dedica ao universo de representações femininas acerca da experiência da violência; e, finalmente, um terceiro conjunto que enfoca as agências sociais (ONGs, Abrigos etc.) atuantes no campo.[3]

---

3. Na primeira linha de pesquisa foram destacados os trabalhos de Correa (1983), Ardaillon e Debert (1987), Brandão (1997), Carrara (1996), Soares (1996). Eu acrescentaria os trabalhos de Mussumeci Soares (1999) e Vargas (1999). Na segunda linha, as autoras destacam os trabalhos de Grossi (1988, 1991, 1994), Fonseca (1984), Machado e Magalhães (1998) Pontes (1983) e Gregori (1983, 1989, 1993). Na última linha, é feita menção aos seguintes estudos: Pontes (1985), Gregori (1993). As autoras ainda salientam o estudo de Saffiotti e Almeida (1995) na proposição de uma interpretação desse fenômeno na perspectiva das relações sociais de sexo.

Se considerarmos esse universo a partir de sua expressão numérica, certamente chegaremos à conclusão que muito ainda há a desbravar. Sem dúvida, é preciso investir maior esforço no escrutínio da questão – o que já justifica a realização de um livro como este. Porém, é preciso sublinhar que, além de investir maior esforço na produção de informação, a importância dessa publicação é a de ampliar a abordagem sobre a violência na perspectiva familiar e/ou conjugal – considerando as dinâmicas relacionais entre os demais envolvidos, como maridos, filhas e filhos, avôs e avós.

A Pró-Mulher, desde o início da década de 1990, tem se destacado como entidade de intervenção, atendendo as vítimas e os agressores, além de organizar cursos e apoiar projetos de capacitação. O atendimento prestado visa atuar sobre a dinâmica que constitui a relação de violência, tentando estimular nas vítimas e agressores a consciência sobre a sua participação e responsabilidade nessa relação. Nesse sentido, menos do que uma abordagem "adversarial", é proposta uma metodologia de "mediação". Este livro desvela essa experiência, tornando-se referência obrigatória não apenas para os militantes interessados em decifrar as artimanhas e paradoxos que revestem as relações violentas, mas é fonte valiosa também para os estudiosos que, no mais das vezes, permanecem distantes de uma prática mais efetiva de intervenção.

Maria Filomena Gregori
Doutora em Antropologia Social, professora do
Departamento de Antropologia da Unicamp, pesquisadora
do Pagu – Núcleo de Estudos de Gênero (IFCH, Unicamp)

Da instituição

A Pró-Mulher, organização não-governamental, sem fins lucrativos, foi fundada em 1977 nos primórdios do feminismo no Brasil, por um grupo de mulheres politicamente engajadas. Naquele momento as questões a respeito da mulher eram abrangentes e baseavam-se na luta contra os preconceitos e as discriminações, voltando-se, na prática, para a garantia dos seus direitos, condições de vida, saúde, reprodução e violência.

Ao mesmo tempo que, com o passar dos anos, as políticas públicas foram ampliando os serviços oferecidos pelo Estado, voltando-se para algumas áreas como saúde e saúde reprodutiva, a Instituição foi se orientando no sentido de atender à demanda da clientela que agora se voltava para a necessidade de um atendimento jurídico especializado. A criação das Delegacias Especiais de Mulheres (DDMs) e do Centro de Orientação Jurídica (Coje), em 1986, e a difusão dos direitos da mulher no tocante à violência doméstica, foram estimulando cada vez mais essa demanda.

Em 1977 a questão da violência doméstica recém-passava a representar um tema de discussão nas agendas internacionais. No Brasil, somente na Constituição de 1988 houve um comprometimento claro do Estado no sentido de "coibir a violência no âmbito das relações" na família. Durante um período que durou 13 anos, de 1977 até o início dos anos 1990, a Pró-Mulher vinha intervindo marcadamente na defesa da mulher, como vítima, mediante ações judiciais, o que representava, por si só, um trabalho de vanguarda. Uma equipe de advogadas atuava junto ao Poder Judiciário de maneira tradicional e uma psicóloga discutia com as mulheres, em pequenos grupos, temas voltados para o direito à não-violência. Entretanto, a significativa evasão da clientela (79%) e os inúmeros casos de reincidência de situações de vitimização, mesmo que justificadas pela ambivalência das mulheres em relação à sua situação de *vítima na conjugalidade*, demonstravam a pouca eficiência do método.

Ficava cada vez mais evidente para a equipe de advogadas que o espaço do direito judiciário era insuficiente na tarefa de transformar padrões de comportamento sustentados pelos usos e costumes culturalmente construídos e endossados. O direito à não-violência para as mulheres representava um desafio que nem a implantação de delegacias especiais nem o sistema judiciário estavam preparados para enfrentar. Necessitávamos de um sistema de forças, não apenas punitivo, mas educativo, para romper as barreiras constituídas no âmago dos valores tradicionais brasileiros. A evasão das mulheres confirmava a hipótese da inadequação do serviço enquanto este se restringisse ao uso exclusivo da lei. Sem saber formular um pedido, demonstravam, pela desistência, que estavam buscando "algo a mais", uma ajuda mais ampla que oferecesse soluções mais criativas para os seus problemas e lhes garantisse algum tipo de resgate moral, de reparação pessoal.

Apoiados numa perspectiva interdisciplinar que integrava os estudos de gênero a princípios da psicanálise, focalizamos nossas indagações nos reais interesses dessas mulheres e concluímos que, para atender à necessidade de intervir num fenômeno indesejado, expresso no nível dos relacionamentos, teríamos de *incluir os relacionamentos*.

A abertura da instituição para o atendimento aos homens – posteriormente crianças e adolescentes da família – trouxe consigo não apenas a necessidade de adotarmos uma nova metodologia, mas de alterarmos nossos estatutos e ampliarmos o nome da Instituição de Pró-Mulher para Pró-Mulher, Família e Cidadania. A implementação do método da *Mediação Familiar Interdisciplinar* – "importado" da Espanha – envolveu-nos num processo estimulante e contínuo de estudo e avaliação da sua utilização para uma população de baixa renda e em situação de violência, objetivos para os quais o método não havia sido originariamente criado.

O atendimento das partes em conjunto mostrou-se, imediatamente, mais eficiente que o anterior, se considerarmos os baixos níveis de evasão posteriores a sua implantação (18%).

Há dez anos temos nos dedicado a esse processo constante de utilização e avaliação do método, sempre no sentido de "afinar o instrumento". Para tanto criamos um grupo de discussão semanal, uma equipe reflexiva, em que discutimos conceitos, casos ou situações em que os conflitos interdisciplinares quanto à sua compreensão e encaminhamento não são incomuns, trazendo sempre consigo novos desafios. Nesses dez anos fomos também nos familiarizando com a flexibilidade de adaptação e aplicação do método a inúmeras outras situações de conflito que não apenas familiares ou conjugais.

Nos últimos anos temos ampliado a aplicação da mediação para vários projetos sociais ligados a diferentes áreas de atuação, no nível de intervenção federal e/ou estadual, tais como: Direitos Humanos, Saúde, Educação e Sistema Penitenciário em programas de "penas alternativas". A capacitação de líderes das comunidades com a finalidade da criação de Centros de Mediação Comunitária, que possam não apenas dar encaminhamento a situações de conflito emergentes, mas também transformar as mentalidades, tem sido nosso objetivo mais recente.

Malvina Muszkat
(organizadora)

Dez anos de Pró-Mulher: matando o ovo da serpente

A experiência revolucionária da Pró-Mulher, agora contada em livro, está completando dez anos.

Em 1993, pela primeira vez na história do feminismo brasileiro, uma entidade de atendimento a mulheres vítimas da violência familiar abriu suas portas aos agressores.

Ao romper com a visão simplificadora que considerava o homem inimigo, a Pró-Mulher (PM) passou a tratar o drama da mulher agredida como o fio aparente de uma trama que precisava ser desvendada em toda a sua complexidade, na dinâmica do casal e dos filhos, no cenário social em que se desenrolava. Ao longo desses dez anos, uma sucessão de histórias revelou homens e mulheres iguais na fragilidade, com a mesma perplexidade em relação ao desamparo, a mesma necessidade de entender em profundidade as próprias emoções – ponto de partida para um processo verdadeiramente transformador.

Além de romper com alguns tabus, a PM teve o mérito adicional de adaptar o método da mediação a uma população brasileira de baixa renda, desenvolveu uma metodologia própria para a formação de psicólogos e advogados na delicada tarefa de encontrar aquele mínimo denominador comum que possibilita o entendimento entre as pessoas.

Ao criar um novo conhecimento sobre a motivação humana para a violência, e sobre as formas de minimizar e resolver conflitos, a experiência da PM nos revela o papel fundamental que uma organização civil pode representar na busca de soluções inovadoras para os graves problemas sociais que um país como o Brasil enfrenta – para os quais os governos, e mesmo as empresas, mostram-se muitas vezes impotentes.

No momento em que o país produz índices alarmantes de criminalidade, em que os meios tradicionais de repressão mostram-se absolutamente insuficientes, o método da mediação deve ser incorporado em políticas públicas como uma abordagem mais inteligente e mais humana de prevenção à violência, especialmente com jovens em situação de risco e em conflito com a lei. Também no mundo racionalista das empresas, que tem enfrentado uma onda sem precedentes de depressão e estresse entre funcionários, com prejuízos enormes causados por absenteísmo, licenças médicas e ações judiciais, o método da mediação, aplicado na própria empresa e na comunidade em que se insere, pode tornar-se uma poderosa arma de prevenção e tratamento de conflitos, com impacto extraordinário no ambiente de trabalho e na produtividade.

Maria Cristina Nascimento
Psicóloga, empresária e
conselheira do Instituto Ethos

Introdução

MALVINA MUSZKAT

Quase 30 anos se passaram desde que nossas preocupações acerca da feminilidade e de suas inter-relações com a cultura suscitaram em diversos âmbitos, privados e institucionais, a motivação de compreender a condição social das mulheres. Durante esse trajeto, o desenvolvimento do pensamento desconstrutivista e do conceito de gênero sexual abriram espaço para a interdisciplinaridade, vinculando a questão da subjetividade às demais questões sociais em pauta, tais como dominação, inserção social, saúde reprodutiva, origem étnica e violência. Associada à sociologia e à antropologia, a psicanálise mostrou-se instrumento útil para as múltiplas intersecções entre sexualidade, gênero, cultura, ideologia e psiquismo, permitindo resgatar o caráter relacional entre feminilidade e masculinidade em suas diversas articulações subjetivas e socioculturais. A inclusão da subjetividade na análise de novas e velhas questões – a experiência da maternidade, as relações de poder entre homens e mulheres, as novas formas de conjugalidade, a divisão sexual do trabalho – deu ensejo a um diálogo fecundo entre as várias disciplinas.

Esse movimento possibilitou a compreensão dos significados atribuídos aos sujeitos, em virtude de sua condição biológica de homem ou de mulher, dando sentido às suas representações nas práticas sociais. Em outras palavras, resgataram-se as dimensões culturais e individuais na construção daquilo que parecia determinado pela "natureza": a sexualidade humana. Pelas formulações de gênero, sem perder de vista as diferenças, tornou-se possível "desconstruir" uma rede de crenças, mitos e valores responsáveis pelas desigualdades e hierarquias entre os sexos. O *gênero*, como categoria de análise, permitiu a inclusão do *caráter relacional* e da *construção histórico-social* na estruturação das subjetividades sexuadas, originando uma nova ética, regida pela lógica da eqüidade. Essa concepção foi a responsável pelo surgimento das formulações contemporâneas que despertaram a sociedade para novos questionamentos.

No que diz respeito aos conflitos familiares, conseqüentes das diferenças expressas nas relações de gênero, condutas que durante séculos haviam sido consideradas "naturais" e adequadas passaram a ser classificadas como violentas e merecedoras de sanções. Enquanto a moral tradicional na instituição familiar garantia ao pai a função de organizar a sociedade e manter o domínio sobre a vida privada, o poder paterno era a forma suprema do poder masculino. Modos de relação entre mulheres e homens, pais e filhos foram construídos sobre esses pilares. O processo de democratização da sociedade ocidental – as mudanças de valores produzidas no século passado, a influência dos movimentos feministas no pensamento acadêmico e as conseqüentes mudanças na legislação –, responsável pela ética contemporânea, tornou-se incompatível com o tipo de moral do *pater-familiae*. O sentido da conduta violenta no espaço da família, geralmente exercida pelo "chefe de família", ganhou o status de "antinatural". Como fator problemático e indesejável nas relações familiares, o domínio exercido pela violência passou a ser denunciado e criminalizado, dando origem ao fenômeno de "desprivatização" da família. Estudos e pesquisas sobre esse tema passaram a ser altamente estimulados e revelaram que mulheres, crianças e idosos estavam permanentemente expostos a situações mais abusivas e violentas na intimidade da família do que em quaisquer outras circunstâncias públicas, apontando para o efeito das relações de poder no âmbito privado. Assim, como que numa invasão à situação privada do mundo doméstico, sem nenhum preparo das famílias, temas considerados *tabus* ganharam visibilidade e tornaram-se condenáveis, gerando tanto leis e punições para os "novos agressores" quanto resistências e defesas dos grupos conservadores, muitos deles responsáveis pela própria execução das leis. Provou-se, mais uma vez, a insuficiência da construção de um arcabouço legal no confronto com a convicção dos usos, costumes e das crenças que forjam a consciência coletiva de uma cultura.

A família nuclear, que se manteve como modelo ao largo dos dois últimos séculos, organizou-se em torno de um modo específico de produção econômica que se apoiou na divisão sexual do trabalho, em que o homem ocupou papel fundamental na geração de renda e na construção do espaço público, o espaço do cidadão. O espaço público representando o mundo social, ideologicamente construído pelos e para os homens, palco das decisões políticas e religiosas, baseou sua política econômica na produção da mão-de-obra masculina, cabendo ao homem trabalhar e prover materialmente sua família tal como na profecia divina: "Tu comerás o teu pão do suor do teu rosto..." (Gênese). Já a reprodução definiu o espaço doméstico, privado, como o espaço da mulher, atribuindo-lhe a responsabilidade de prover o suporte necessário para a organização da vida doméstica, garantindo aos demais membros da família, além da permanência dos vínculos afetivos, condições plenas para o exercício de suas atividades. Esse tipo de família criou um contexto em que ao homem, pela sua inserção no âmbito público e sua condição de provedor econômico, se atribuiu um conjunto de saberes, veiculando a idéia de que ele seria o mais capaz para concentrar em si o poder central, restando aos demais membros – mãe e filhos – exercer papéis de subordinação, novamente cumprindo a profecia milenar de que: "Tu parirás filhos em dor, e estarás debaixo do poder do teu marido, e ele te dominará..." (Gênese). Foi nesse espaço anunciado, no espaço da subordinação, regido pelos afetos e pela gratuidade, responsável pela produção dos sujeitos, que se construíram as subjetividades e que, no confronto entre gerações, se reproduzem, ainda hoje, os modelos sexuais e as relações de poder.

A raiz da constituição da subjetividade sexuada nessa estrutura familiar tem produzido e reproduzido uma estereotipia hierarquizada e hierarquizante, cujos princípios normativos se baseiam na coerção e na subordinação de uns sobre outros, sendo a violência um dos seus subprodutos. Aqui parecem estar depositados os grandes entraves, assim como as possíveis condições para a mudança das mentalidades. Se é na família, pelo exercício dos papéis e das funções parentais que se constroem as bases dos relacionamentos e se constituem as identidades, é também aí que devemos buscar os principais fatores de resistência ou de mudança de uma *ética tradicional* para uma *ética contemporânea.*

Por termos uma visão romantizada da família nos surpreendemos com o fato de que nesse ambiente crianças, mulheres e homens podem ser prejudicados pelas pessoas que, aprende-se a pensar, deveriam apenas amá-los. Numa família, entretanto, solidariedade e conflito coexistem. Toda família funciona como uma unidade social contraditória em que os recursos, os direitos, as obrigações e os interesses competitivos se confundem. Além dos conflitos por divergência de opiniões, de idéias, de crenças ou de poder, ocorrem os conflitos decorrentes da disputa pelos afetos. Sua dinâmica e organização se baseiam na distribuição dos afetos, o que tende a criar um complexo dinamismo de competições e disputas motivadas pelo desejo de conquista de espaços que garantam o amor, o reconhecimento e a proteção, uns dos outros, necessidades básicas da condição humana. Trata-se de disputas naturais que estimulam, entretanto, sentimentos ambivalentes de amor/ódio, aliança/competição, proteção/domínio entre todos os seus membros. Pais e mães não são apenas amorosos e protetores, mas podem também ser ciumentos e invejosos com seus filhos ou entre si. Irmãos são cruéis uns com os outros ou com seus pais, e assim por diante, quase sempre em nome de se auto-afirmar e de atrair a atenção dos outros sobre si mesmo. Eis uma percepção que, muito antes de se tornar objeto de estudo da psicanálise, já está descrita na mitologia, é tema da dramaturgia shakespeariana dos séculos XVI e XVII e está incrivelmente tratada em *Os irmãos Karamazov*, de Dostoievski.

Estudos comprovam que o ciclo da violência começa cedo na vida das pessoas. Começa quando crianças, filhos de famílias "disfuncionais", sentem-se desamparados e não encontram no seu ambiente razões para crer que são importantes. Começa quando crianças são abusadas pelos adultos, moral ou fisicamente, seja como observadores ou vítimas diretas, e vão atuar essa violência (como vítimas ou agressores) expressando um padrão aprendido, uma espécie de "herança familiar", para o qual foi cunhado o termo "violência intergeracional", já que tende a se reproduzir de geração em geração. Uma enorme pesquisa nacional realizada em 1990 nos Estados Unidos com *famílias violentas* concluiu que os "filhos dessas famílias praticam 1000% mais violência nas famílias que constituem do que filhos de famílias não violentas".

Os conflitos não são uma exceção; ao contrário, fazem parte do cotidiano dos relacionamentos interpessoais. Certas famílias, que costumamos chamar "disfuncionais",* podem ser despreparadas para compreender, administrar e tolerar seus próprios conflitos, buscando na ação violenta uma forma de solucioná-los. A violência, entretanto, não é a conseqüência necessária de um conflito, apenas o testemunho da dificuldade de conviver com a diversidade e encontrar soluções satisfatórias para administrá-las. Entre casais, segundo Maria Filomena Gregori, a conduta violenta também pode ser entendida como uma prática de adaptação e negociação entre os sexos, no sentido de satisfazer, mesmo que de forma perversa, o desejo de preservação do espaço doméstico.

Violência é a forma mais disruptiva e primária de resolução de conflito. Ocorre como tentativa de reequilibrar o sistema psíquico mediante uma experiência instantânea de triunfo. Todo indivíduo, que não possui autoconfiança suficiente para enfrentar suas necessidades e frustrações adultas com algum nível de tolerância, procura pelo ato violento resgatar sua "dignidade". Para alguns indivíduos, com baixo nível de tolerância e acúmulo de frustrações, enfrentar uma situação de estresse é insuportável. Tendem a se sentir imediatamente diminuídos e ameaçados na sua integridade psíquica e não conseguem controlar sua raiva.

---

* "Disfuncionais" aqui é utilizado em oposição a "desorganizadas", que pressupõe uma forma de organização ideal. Disfuncional refere-se às famílias nas quais as figuras parentais não conseguem exercer suas funções (termo cunhado pela autora do artigo).

Para outros, dependendo de experiências traumáticas de vida, algumas situações aparentemente banais podem provocar reações insuportáveis. Ao agredir o outro, mesmo que por um momento fugaz, o agressor experimenta uma sensação de grandiosidade por meio da humilhação da sua vítima e sua subseqüente submissão. Trata-se de uma forma de exercício de poder que não encontra, entretanto, nenhuma correspondência de alívio interior, tendendo, ao contrário, a gerar níveis de irritabilidade cada vez maiores, já que o resgate da auto-estima não se concretiza. Queremos observar que, apesar de suas inúmeras formas de expressão, a violência quase sempre observada e punida é aquela que deixa marcas mais evidentes: a violência física. Entretanto, essa não é a única, nem a pior forma de violência. Marie-France Hirigoyen discute em *O assédio moral: a violência perversa no cotidiano* os efeitos morais da desqualificação sistemática de uma pessoa, principalmente nas relações familiares e de trabalho. Na Pró-Mulher, Família e Cidadania trabalhamos com uma definição ampla de violência que concentra em si todo e qualquer ato capaz de ferir a dignidade e os direitos fundamentais da pessoa humana, seja ele moral, sexual ou corporal.

Nas relações de um casal os inúmeros conflitos a que são cotidianamente submetidos, frutos da diversidade comum entre duas pessoas, exigem das partes uma capacidade de tolerância às acomodações nem sempre existentes. Quando os níveis de tolerância a frustração são muito baixos, a violência emerge como tentativa de resolução de um conflito, em situações nas quais qualquer uma das partes está empenhada em defender-se de algum tipo de dano que ameace sua posição e a sua integridade narcísica. O ato violento transforma o *ofendido* em *ofensor*, garantindo, provisoriamente, ao agressor uma posição de triunfo. Nas justificativas "*... eu não fiz nada, foi ele(a) quem me provocou...*", estão expressos seus níveis de insuportabilidade.

Outra variável considerável no fenômeno da violência intrafamiliar refere-se ao perfil da população atendida. Trabalhando desde 1977 com população de baixa renda observamos que a discussão em torno do tema não pode excluir o cenário em que esta população está inserida. Mesmo que se argumente que a prática da violência no âmbito familiar perpasse democraticamente todas as classes sociais, para nós isso não significa que ela possa ser abordada como um fenômeno único.

A população de baixa renda, para a qual prestamos nossos serviços, é uma população já submetida, pelas suas próprias condições, a uma série de violências individuais e coletivas que vão desde a privação de bens materiais, culturais e sociais até o convívio, já banalizado, com o enfrentamento e o exercício de condutas violentas. Trata-se de uma população que vive em estado de marginalidade social, em que o desejo de respeitabilidade é constantemente contrariado, e as experiências de afeto e frustração se confundem com freqüência. São sujeitos de famílias discriminadas e desrespeitadas pela sociedade que criaram para si um repertório de soluções compatíveis com os seus parcos recursos. Devido à falta de recursos na área da educação e no preparo profissional, o trabalho masculino, assim como o feminino, para a maioria dessas famílias, é informal, descontínuo e sem vínculo empregatício, resultando em ganhos insatisfatórios e evidente instabilidade. Trabalho fixo, residência e vínculos afetivos são raramente mantidos, dificultando qualquer tipo de planejamento e organização. Famílias vivem em condições físicas precárias, em que a aglomeração dos corpos, decorrente da constante falta de espaço e de intimidade, representa uma fonte constante de atritos. A ausência de equipamentos de lazer e cultura para essa população permite a ociosidade das crianças e dos adolescentes, ou ainda dos desempregados, contribuindo negativamente para uma organização pacífica dos seus membros. Devido a essa situação de penúria tendem a desenvolver atitude fatalista – *"...é sempre assim..."*, *"não adianta reclamar..."* – e imprudente, e utilizar-se de soluções impulsivas, muitas vezes autodestrutivas, para seus problemas.

Entre os gêneros, os códigos sustentam o predomínio das idéias tradicionais, algumas já superadas em outras classes sociais, sobre a divisão sexual do trabalho e a hegemonia masculina, em contraste com a prática comum das mulheres mantendo a família. A assimetria dos papéis sexuais, o respeito às obrigações e as responsabilidades tradicionais, já eliminados do imaginário de outras classes sociais, são aqui mantidos como ideal familiar, *cabendo aos homens garantir a mediação da família com o mundo externo e à mulher garantir aos homens sua posição de poder*, além de preencher as necessidades afetivas do grupo. Entre os casais, a mulher contempla o homem com o lugar simbólico de "chefe de família", ainda que ele seja um desempregado crônico ou que pouco contribua para com o orçamento familiar. É no âmbito doméstico, enquanto inserido e mantido no convívio familiar numa pseudoposição de hierarquia, que o seu lugar de autoridade, inexistente no espaço público se mantém. Essa posição precária do homem, sustentada pela mulher no âmbito doméstico, perderá sentido diante de alguma falha que torne a parceria insustentável para ela, caracterizando uma frágil estabilidade familiar. Nos casos de ruptura os homens costumam sentir-se descompromissados em relação ao grupo familiar e, geralmente, com o seu afastamento promovem uma exacerbação na condição de privação, principalmente dos jovens que, sem a presença mediadora do pai com a sociedade, sentem-se desprovidos de respeitabilidade moral e "garantia" de inserção social. Este "descompromisso", por parte dos pais, tem encontrado apoio no imaginário feminino e feminista que, onipotentemente, tem "dispensado" a presença da figura paterna para além de suas responsabilidades de provedor (por meio de pensão):

> Se pais são ausentes ou estão perpetuamente desaparecendo e os pais presentes são controladores ou abusivos, quem precisa de um pai? Qual mãe quererá viver ou que qualquer de seus filhos vivam com eles? (Rudick, Sara, *Rethinking the family*, 1992, p.178)

Considerando tais características, é importante ponderar sobre os aspectos singulares que poderiam justificar uma maior probabilidade de incidência da violência intrafamiliar nessa população, assim como maiores dificuldades para erradicá-la:

1. maior exposição a situações de conflito por todas as razões já citadas;

2. menor disposição de recursos internos e externos que facilitem a elaboração dos conflitos;
3. extratificação das relações de gênero;
4. falsa sustentação da hegemonia masculina, exigindo dos homens o desempenho de uma representação quase impossível de ser mantida;
5. sobrecarga das funções femininas gerando maiores níveis de expectativa e frustração;
6. parca noção de direitos e responsabilidades por parte dos sujeitos;
7. apego a uma ética conservadora em oposição à *ética contemporânea*, já observada por alguns outros grupos sociais.

São esses os aspectos que nos permitem afirmar que a população de baixa renda, menos favorecida em todos os aspectos sociais e individuais da condição humana, sofre a dupla pressão de estar mais exposta ao conflito e ter menores condições intelectuais e psíquicas para tolerá-lo e elaborá-lo.

Supomos que essa afirmação possa ferir algumas ideologias que, apesar de admitir a existência de uma "população de risco", insiste em argumentar a favor da equalização da violência, desconsiderando as diferenças a que estão expostos os diferentes segmentos sociais.

O *que* e *como*, nós, como instituição voltada para a intervenção perante a violência intrafamiliar nessa classe social, podemos fazer no sentido de contribuir para a desconstrução dos usos, costumes e das crenças que sustentam uma ética tradicionalmente autoritária para que uma *ética contemporânea* que contemple a eqüidade e o protagonismo social possa se legitimar?

Acreditamos que, construídas e reproduzidas com base nas experiências familiares e grupais, as questões individuais e coletivas geradoras de conflitos de gênero, assim como a violência, tornam-se passíveis de intervenções. Isso nos leva a supor que ações transformativas podem ser utilizadas, com sucesso, para permitir a desconstrução de padrões hierarquizados estereotipados e a reconstrução de expressões autônomas e singulares nas relações de gênero. Masculinidade e feminilidade não são papéis fixos, mas processos relacionais dinâmicos em constante reconstrução e adaptação. Nossa função se define por parâmetros que nos permitem ajudar os sujeitos na desconstrução de suas narrativas, baseadas numa lógica binária de opostos – forte/fraco, agressor/vítima – para uma reconstrução segundo a lógica da diversidade, sustentada por termos complexos que apontam para uma multiplicidade de conteúdos. Acreditamos que o encontro com novos sentidos pode produzir um tipo de tensão revitalizadora capaz de estimular a mudança na percepção de velhos conteúdos.

O grande desafio a ser enfrentado é a definição do *como*. Como transmitir a idéia da complexidade e diversidade contando com as resistências? O conflito entre nós mesmos, os próprios atores (acadêmicos, profissionais, técnicos, políticos) responsáveis pela definição de políticas públicas voltadas para a questão, ainda está em pauta. Duas concepções práticas, inspiradas por diferentes concepções políticas, têm sido basicamente utilizadas para enfrentar esse complexo fenômeno: alguns autores, ao definirem o princípio masculino como agressivo e o feminino como passivo, reproduzem a lógica adversarial tradicional e contemplam o atendimento exclusivo da mulher, negando o princípio da intersubjetividade e da complementaridade de papéis, enquanto outros autores defendem estratégias que, baseadas no princípio da intersubjetividade, adotam a lógica do pacto atuando no conjunto das pessoas envolvidas.

Na PMFC, após 14 anos de atuação voltada exclusivamente para as mulheres, assumimos a inconsistência dos resultados obtidos nesse período e nos definimos pela inclusão do agressor e dos filhos do casal no nosso atendimento, buscando, assim, compreender e atuar sobre os efeitos da intersubjetividade na dinâmica de violência daquele grupo. A partir da leitura de *Ensayo: mediación familiar interdisciplinaria*, de Daniel J. B. Bustelo, editado na Espanha em 1993, adaptamos e implementamos um novo método de atendimento para a nossa clientela.

Hoje nos sentimos seguros para afirmar que ações centradas exclusivamente na mulher, além de endossar e reforçar a "exclusão natural" dos homens em relação à vida doméstica, sobrecarregam as mulheres com a total responsabilidade de superar a violência por um ato de vontade individual. Essa prática se torna ainda mais ineficiente quando, ao buscar o apoio jurídico a que teriam direito, as vítimas deparam com uma justiça burocratizada e pouco ágil no sentido de garantir-lhes algum tipo de respaldo efetivo. Ainda no que diz respeito a esse aspecto, nossa observação indica que, para a vítima, mesmo a punição do agressor pela justiça comum, na forma em que é aplicada, é insuficiente para reparar os prejuízos de ordem moral aos quais foi submetida. As práticas previstas na Lei nº 9.099 de 1995 vieram desmoralizar ainda mais o tratamento dado às questões de violência intrafamiliar, tratando-as como contravenções banais e corriqueiras sem dar à vítima nenhuma oportunidade de reabilitação moral.

A construção de uma visão de futuro decorre do repensar das humanidades à luz da contemporaneidade, da busca de caminhos mais flexíveis, de uma redefinição de atitudes. Uma nova interpretação de justiça requer um equacionamento mais generoso, mais flexível, que tenha função, de fato, *reparadora*, que possa apaziguar e prevenir uma série de ressentimentos, evitando retaliações futuras recorrentes, tais como o não-cumprimento de acordos jurídicos, o abandono dos filhos, ameaças de morte e até homicídios que, ainda hoje, encontram atenuantes subjetivas de legitimidade quando interpretadas como "defesa da honra".

Por todas essas razões preferimos apostar no protagonismo das partes, na importância do encontro entre elas, na possibilidade do diálogo, nas possíveis reparações e nos acordos pessoais sem a presença de uma autoridade intimidadora. Apesar da indignação que possamos sentir diante do agressor é preciso dar-lhe a palavra, conhecer suas motivações (medos, inseguranças, dependências) e considerar o fenômeno da violência expressão da intersubjetividade a que está submetido. A posição binária maniqueísta que a maioria dos serviços vem adotando durante todos esses anos tende a perpetuar a ideologia que pretende combater: a da parcialidade do julgamento, que se apóia na discriminação e no preconceito, na mesma discriminação e preconceito que têm negado à mulher ser a protagonista de sua própria história.

A lógica dicotômica, que sustenta a ética tradicional, divide o universo em ou/ou, em *o Um ou o Outro*. Na nossa cultura, por exemplo, o homem ficou posicionado no lugar do *Um*, restando ao gênero feminino o lugar do *Outro* que não é o *Um*, ou o que é diferente do *Um*. Quando Freud descreve o aparato psíquico feminino, segundo o aparato psíquico masculino, o faz sobre a base do *Outro* que é diferente do *Um*. Considerando essa perspectiva falocêntrica, em que o pênis representa a condição de Ser, teremos de supor, como diz Lacan, que *a mulher não existe...* A lógica fálica em seu aspecto dicotômico falharia, assim, na questão da *diferença dos sexos*, já que introduz somente *um sexo*, o masculino, e o restante é a diferença. Critérios essencialistas, aistóricos, biologistas, são responsáveis por conclusões reducionistas que, se apresentadas dessa maneira crítica, acabam por parecer ridículas e absurdas sem que, no entanto, as próprias abordagens que as criticam consigam livrar-se delas.

Outro aspecto sintônico com nossos objetivos, que tem sido bastante negligenciado, refere-se ao prejuízo das crianças e dos jovens submetidos ao contexto da violência intrafamiliar. Se coube aos movimentos feministas dos anos 1970-80 denunciar e resgatar os direitos da mulher, cabe a nós, hoje, a responsabilidade sobre a garantia da preservação dos direitos das crianças, vítimas diretas ou indiretas desse fenômeno. Novamente, a tendência de se restringir a questão com o foco exclusivamente voltado para a mulher "guetifica" e simplifica o fenômeno, perpetuando a omissão do olhar, dentre outros, sobre o problema infantil. Os estudos feministas dedicaram-se exaustivamente ao estudo da concepção e da maternagem do ponto de vista do bem-estar da mãe, não da criança. O Estatuto da Criança e do Adolescente, de 1990, apesar de procurar prover a atenção integral à criança, falha na sua aplicabilidade justamente porque o Poder Público não garante de forma integrada a implementação das políticas relativas à família, base de sustentação da criança e do adolescente. Programas sociais de atenção à criança e ao jovem raramente atuam sobre sua situação familiar. Carecemos de programas voltados para a transformação dos padrões de relacionamento *dentro* das famílias a fim de promover a interrupção do ciclo da "violência intergeracional", seja pela participação da criança na dinâmica de uma família em que a violência é crônica, seja pela transmissão intergeracional de mitos e preconceitos relacionados às representações baseadas em princípios naturalistas sobre os sexos. O que fazer quando as próprias famílias se encarregam de perpetuar esses padrões? Ou com o desinteresse que as instituições laicas de atenção à criança demonstram quando se fala em atenção à família? Ou com a espécie de constrangimento que as instituições financiadoras manifestam diante dessa sugestão, como se família fosse um tema anacrônico? Terá a família se tornado um reduto do campo eclesiástico? Por detrás de cada criança desajustada devemos procurar uma família. Eis por que na PMFC denominamos a violência doméstica de violência *intrafamiliar*, considerando tratar-se de um problema que atinge todos os membros de um grupo familiar que participam dessa dinâmica, cujos prejuízos só se tornam visíveis para a sociedade quando sob a forma de violência urbana. Eis uma questão que, se não considerada em toda sua extensão, acaba por comprometer toda a sociedade com fenômenos como o aumento da marginalidade e da violência entre os jovens, cuja ocorrência tem sido observada de maneira crescente e descontrolada.

É importante ressaltar, mesmo com o risco de parecermos repetitivos ou antipáticos, o quanto a própria ação institucional pode ser responsabilizada pela manutenção de um imaginário coletivo que, se de um lado vitimiza e infantiliza as mulheres, de outro desestimula os homens a assumirem posições de responsabilidade, e continuam exercendo a violência como uma expressão da carência desse poder. O verdadeiro poder se manifesta por meio da liberdade de exercer o direito à autonomia e à autodeterminação, sem coação do próximo; é o resgate ou a construção da solidariedade que temos como objetivo estimular nas pessoas, pela experiência de representar a si próprios, transformando seus desejos, interesses e suas necessidades em instrumentos de argumentação e negociação. Acreditamos que o domínio de si mesmo por intermédio da capacidade de reflexão e argumentação mostrar-se-á útil para as pessoas não somente para uma situação específica, mas para as inúmeras circunstâncias que poderão vir a enfrentar. A História, em seus momentos de conflito mais cruciais, tem revelado o quanto o fator liberdade depende do fator solidariedade. É por meio do diálogo e da união entre os sujeitos que as grandes transformações sociais pacíficas, que garantem a preservação da liberdade entre as partes, têm ocorrido. Na ausência da solidariedade, a conseqüente exacerbação do princípio adversarial constrói, inevitavelmente, o espaço para a expressão da violência e o conflito é "solucionado" pela conquista do mais fraco pelo mais forte.

O método interdisciplinar da mediação, adotado e adaptado pela nossa equipe para a população brasileira de baixa renda em situação de violência, tem se mostrado um excelente instrumental na lógica da ética contemporânea, na busca de uma justiça menos punitiva e mais reparadora, na conscientização dos significados e na garantia de um projeto político consistente que tenha como meta o princípio da prevenção.

A mediação como método pacífico de resolução ou administração de conflitos tem como finalidade oferecer às partes em litígio uma forma não adversarial de tratar suas questões que a justiça comum, pela sua lógica de ganhar ou perder, desestimula, privilegiando a disputa e o antagonismo. O enfrentamento entre as partes produz sempre danos para todos os implicados. Nas disputas conjugais, pode provocar rompimentos que recaem sobre os filhos prejudicando os vínculos parentais, que seriam mais bem preservados numa condição de acordo e negociação. Além disso, corrobora com o exercício da coerção da parte que tem mais poder sobre a mais fraca, reproduzindo uma situação preexistente nas relações de gênero, principalmente em casos de violência. Seu caráter tutelar retira o protagonismo e desresponsabiliza os sujeitos da condução dos seus problemas, obrigando-os a aceitar uma decisão vinda de terceiros que, por isso mesmo, dificilmente será cumprida.

A mediação, ao contrário, motiva as partes para a negociação e o acordo introduzindo novas formas de resolver problemas que permitem restituir o protagonismo aos distintos atores que constituem o cenário das situações de conflito. Representa o triunfo da cultura do pacto sobre a cultura do confronto. Permite a produção de acordos criativos, além de se realizar em tempo mais curto e representar muito menos gastos para o Estado.

O caráter pacifista do método se baseia na superação das dicotomias vítima/agressor, certo/errado, culpado/inocente, apoiando-se no princípio da dinâmica da *complementaridade* que pressupõe, em todo conflito, a presença *ativa* de dois opositores *responsáveis* pela sua manifestação e manutenção. Ativa aqui não é sinônimo de violência, como passiva tampouco é sinônimo de vitimização. No mundo das *rel*-ações, ao contrário do que se supõe, atividade e passividade são apenas formas distintas de se *inter*-agir. Assim, o caminho mais curto para a solução de qualquer conflito é aquele que decorre do conhecimento e da aceitação das partes sobre suas formas singulares de ação e sua responsabilidade na dinâmica das relações: "Como colocar-se nos sapatos do outro". Esse conhecimento permite às partes compreenderem o mecanismo de como cada sujeito, ao interpretar e responder aos mesmos fenômenos de modo particular, segundo suas crenças, pode gerar dificuldades na comunicação, dificuldades essas responsáveis pelos entraves nos relacionamentos.

A consciência de Si e do Outro é condição fundamental para superação dos preconceitos e das discriminações gerados pela diversidade e, portanto, a condição básica para se garantir, dentro das diferenças, o princípio da eqüidade. Numa situação de conflito, caracterizada por desejos excludentes entre as partes, o reconhecimento do Outro como diferente de Mim é a condição básica para a proposição de um diálogo, o meio mais eficiente para a preservação da individualidade na intersubjetividade.

Concluindo, podemos dizer que os princípios humanistas que regem a mediação atendem não só às nossas necessidades, mas às dos próprios usuários segundo suas próprias considerações e segundo o respeitável índice de êxito no que diz respeito aos acordos fechados, aos acordos cumpridos e ao tempo despendido. Seu caráter preventivo também se faz notar pela clara demonstração de conscientização da importância dos papéis parentais na proteção às crianças e aos adolescentes. Nosso entusiasmo, entretanto, não nos impede de querer avaliar de forma mais acurada e durante um tempo mais prolongado o impacto dos resultados obtidos, a médio e longo prazo, na vida dos sujeitos.[1]

A experiência de estudo, adaptação, implantação e avaliação constante desse método, que agora completa 10 anos, tem sido extremamente estimulante e gratificante para todos os envolvidos no projeto. Este livro foi concebido com o intuito de registrar a experiência de uma equipe multidisciplinar, de advogados, psicólogos e assistentes sociais, que colaboraram com seus conhecimentos e seus esforços na busca da realização de um sonho. De um sonho sim, porque a simples idéia de, no início dos anos 1990, aqui no Brasil, imaginar um tipo de atendimento em que "vítima" e "agressor" pudessem sentar-se frente a frente e negociar seus conflitos parecia inconcebível.

Tem sido graças a um espírito de cooperação e determinação de toda a equipe, sem deixar de mencionar sua curiosidade e ousadia, que o sonho se transformou numa realidade que não teria nenhum sentido se não pudesse ser compartilhada com os leitores que, tal como nós, estejam engajados no ideal de transformar o mundo num lugar melhor para todos.

Devemos ao apoio do setor público, especialmente às áreas de assistência judiciária, justiça e desenvolvimento social, embora considerada a instabilidade na continuidade dos projetos por razões próprias a sua natureza, as oportunidades e as condições materiais propiciadas que nos permitiram, durante esses anos, investir no desenvolvimento e no aprofundamento da prática na utilização do método.

Os vários convites de participação em projetos inovadores, como os da Secretaria da Justiça durante a gestão do secretário Belisário Santos Júnior, Centros Integrados de Cidadania (CIC) e o Centro

1. Esse projeto, no que diz respeito ao apoio da Fapesp, é desenvolvido em parceria com o Nepo-Unicamp, sob a coordenação de Maria Coleta Oliveira e a parceria da Procuradoria-Geral do Estado de São Paulo. Tem a finalidade de pesquisar metodologias passíveis de serem transformadas em políticas públicas de amplo alcance.

de Referência de Atendimento à Vítima (CRAVI), nos permitiram desenvolver inúmeras experiências na área da Mediação Social.

A criação de projetos integrados como Complementando a Renda e Fortalecendo a Família, em parceria com a Secretaria de Desenvolvimento Social, não só forneceu uma renda complementar às famílias em situação de risco como lhes proporcionou, pela Mediação Familiar, o suporte necessário para sua reorganização.

A integração de uma equipe capacitada por nós e alocada nos serviços de Atendimento Judiciário (PAJ) e Centro de Orientação Jurídica às mulheres vítimas de violência (Coje), funcionando hoje como suporte técnico psicossocial nas áreas de Família e Cível com os procuradores do estado de São Paulo, atende à prerrogativa constitucional de Prestação de Assistência Judiciária Integral, o que representa enorme avanço no campo das políticas públicas de atendimento à população de baixa renda.

Outra referência da maior importância tem sido o apoio recebido pelo Ministério da Justiça por intermédio da Secretaria de Direitos Humanos, que permitiu em 2001 a capacitação de 350 agentes sociais e lideranças comunitárias, entre adultos e jovens de ambos os sexos, em Solução Pacífica de Conflitos, visando à reprodução do método nas suas comunidades de origem. Esta experiência demonstrou algo da maior importância: que o sucesso da capacitação e utilização do método independe da classe social ou do nível de escolaridade dos sujeitos.

Estruturamos este livro sobre três campos temáticos relacionados às distintas áreas profissionais – direito, psicologia e serviço social –, que compõem a equipe de mediadores, sempre com seu foco voltado para a ação social.

No campo temático do Direito iniciamos com uma reflexão de Déborah Kátia Pini sobre a possibilidade da aplicabilidade legal do método no Brasil, apesar da ausência de legislação específica. Célia Regina Zapparolli relata sua experiência com o método, primeiro na posição de mediada e depois como mediadora, numa linguagem em que é evidente o impacto da interdisciplinaridade na escuta e no foco do atendimento. Renata Lev, uma das nossas mais recentes colaboradoras, apesar de não ter ainda se capacitado em mediação e estar na instituição há menos de um ano, nos surpreende com uma avaliação bastante lúcida e clara da importância do diálogo interdisciplinar. Seu depoimento representa uma análise crítica da maior importância sobre como a formação na área do Direito se reflete na prática da maioria dos seus futuros operadores, estimulando muito mais os debates a respeito de Direito Processual, ou o apego exagerado à elaboração de conceitos de direito material, em detrimento do próprio objeto dessas discussões: *o sujeito desses direitos.*

No campo da atuação social propriamente dito, a psicóloga Rosane Mantilla expõe em seu artigo, com notável clareza, as bases epistemológicas do método e suas qualidades como instrumento de transformação social mediante a descrição de uma experiência bem-sucedida de mediação comunitária, sob sua coordenação, numa favela da periferia de São Paulo. Rosane desenvolve uma discussão sobre mediação social e/ou comunitária no sentido da sua adequação na relação método–objeto extremamente útil para a compreensão do artigo de José Sollero Neto e Márcia Cassiana Rosa (respectivamente psicólogo e assistente social) que vem a seguir. Prestando seus serviços em um órgão público do Estado (Centro de Integração da Cidadania), José e Márcia nos trazem também o relato de uma experiência de mediação social/comunitária atendendo, dessa vez, a uma demanda na área escolar. O artigo elaborado pelas assistentes sociais Carla Regina Moreira, Claudia Rosa Baptista e Euniciana Peloso da Silva ressalta a importância das suas ações na prática da mediação, destacando sua função de mediadoras entre os sujeitos e as instituições. As autoras apontam para o fato de que a mediação não ocorre apenas no momento do encontro entre as partes, mas já na escuta inicial relativa à demanda e na estratégia de encaminhamento. Pautando-se pelo princípio de que o protagonismo estimula a pacificação, procuram desde o primeiro momento utilizar estratégias de orientação psicossocial oferecendo à população a oportunidade de apropriar-se do espírito jurídico, cultural e ético das representações sociais vigentes, reforçando sua autonomia e criando condições necessárias para sua inserção social.

No campo da Psicologia, como nos demais, a interdisciplinaridade permite a inclusão de vários campos do saber. Reginandréa

Gomes Vicente e Lilian G. dos Anjos Pereira Biasoto referem as dificuldades pragmáticas a serem enfrentadas pelo mediador diante da diversidade interdisciplinar, do rol de incertezas perante os ajustes e reajustes próprios desse processo de conhecimento, começando pela própria interface entre o exercício de sua função e a sua formação de base. De que modo o psicólogo ou qualquer outro profissional, como mediador, deverá privar-se da utilização de práticas "automatizadas" e definidoras do seu exercício profissional de origem, sem abrir mão dos seus múltiplos conhecimentos, úteis na compreensão da dinâmica dos fenômenos. Os artigos de Marta Cerruti e Susana Muszkat confirmam a riqueza dessas "conversas" interdisciplinares quando dialogam com os fundamentos da psicanálise na busca da compreensão do mundo das representações sociais. É sob a perspectiva da construção do universo simbólico do sujeito, que se dá no entrecruzamento das diversas esferas de inserção do ser humano, a pessoal/familiar, a histórica, a social e a cultural, que elas situam sua pesquisa. É dessa convergência de saberes que brotam os argumentos oferecidos às mulheres e aos homens que passam por seus grupos, e os novos sentidos sobre suas feminilidades e masculinidades, facilitando a reconstrução de vínculos menos opressivos e discriminatórios entre si. São artigos reveladores, que registram como a repressão de conteúdos fundamentais na construção das subjetividades sexuadas é imposta pela cultura, promovendo um excesso de endurecimento na expressão da masculinidade em contraposição à carência de autonomia na expressão da feminilidade. A leitura dos dois artigos permite estabelecer uma associação entre o resgate do uso da força nas mulheres e do direito à expressão da afetividade nos homens como forma de, sem perder de vista as diferenças, possibilitar a socialização dos poderes e a eqüidade entre os gêneros.

Os dois últimos textos, das psicólogas Reginandréa Gomes e Lilian Biasoto, foram integrados já como produtos de reflexão que geraram teses de mestrado, germinadas e desenvolvidas pela experiência de anos de prática na escuta da violência conjugal e na utilização da mediação como instrumento pacificador de conflitos.

Os textos são precedidos por uma breve apresentação da Instituição seguida desta Introdução, que busca sintetizar o panorama atual das políticas públicas voltadas para as questões de gênero e violência e os novos conceitos que fundamentaram a iniciativa de inclusão dos homens, das crianças e dos adolescentes num serviço de atendimento às mulheres vítimas de violência e a adaptação da mediação como método de preferência utilizado hoje na Instituição.

Nossas expectativas, em relação a esta publicação, estão voltadas para a divulgação de uma lógica contemporânea que, orientada por um novo pacto social, possa influir positivamente na atualização de políticas direcionadas para os direitos individuais e coletivos e, em particular, colaborar com o estado das artes no estudo das causas que mantêm ativa a prática da violência, sempre buscando instrumentos mais eficientes para a desconstrução desse fenômeno.

O sucesso dessa experiência evidencia o alcance de uma concepção de intervenção que nos permite caminhar no contrafluxo das políticas públicas em vigor, que, infelizmente, têm investido, com poucos resultados positivos, muito mais no sentido da punição do que da prevenção. Por meio de soluções de caráter inovador, propõe a criação de novos caminhos que, inspirados na ética do pacto, representam como que o "ovo de Colombo" na reversão de uma epidemia de violência que vem assolando a cidade de São Paulo e o Brasil nos últimos anos.

Desejamos, por intermédio desta publicação, inspirar não apenas os órgãos governamentais diretamente responsáveis pelas políticas públicas, como também despertar o interesse de centenas de empresários brasileiros que, tendo percebido a importância de sua participação na organização de uma sociedade melhor, têm se empenhado, cada vez com maior entusiasmo, na busca de soluções inovadoras de impacto para o abrandamento das questões sociais vigentes. Pretendemos, principalmente, contribuir para a discussão sobre novos paradigmas de ação para as instituições de justiça e controle social no enfrentamento da questão do crime e da violência.

Parte I

Abordagens dos Operadores do Direito

1

Da aplicabilidade legal da mediação familiar

DÉBORAH KÁTIA PINI

O Estado veda aos sujeitos de direito que eles realizem, com suas próprias mãos, a justiça, assumindo, assim, a função de prestar a tutela jurisdicional, ou seja, a atribuição de dirimir os conflitos existentes, objetivando, imediatamente, aplicar a lei ao caso concreto e, em caráter mediato, restabelecer a paz entre os litigantes e, conseqüentemente, manter a estabilidade social.

Mas para que o Estado possa prestar a tutela jurisdicional, ele se utiliza de regras processuais que servem como um instrumento para que seja exercida tal função, aplicando, assim, a lei material.

As regras instrumentais não se sobrepõem ao direito material e nem servem de apêndice deste; pelo contrário, são um ramo próprio do Direito, de ordem pública, que visam tão-somente instrumentalizar a tutela jurisdicional.

Assim, tais regras devem propiciar, da melhor forma, a aplicação da norma material e, fundamentalmente, que sua finalidade social seja atendida pelas partes e reconhecida pela sociedade.

Nesse sentido, atualmente, nossos juristas e doutrinadores entendem que o direito processual deve ser a garantia de um processo justo, prevalecendo os padrões éticos e não simplesmente um processo legal, que se compõe de um conjunto de atos sistemáticos que viabilizam a aplicação do direito, ou seja, deve haver a preocupação com a qualidade da prestação da jurisdição.

Assim, o magistrado, ao deparar com o conflito, deve precipuamente se ater ao direito das partes, não ficando tão adstrito às regras processuais que são meros instrumentos para a prestação da tutela jurisdicional, mas sim se permitindo a uma reflexão à norma jurídica de forma extensiva, utilizando-se dos princípios gerais do direito, da eqüidade e até mesmo das técnicas não adversariais para a resolução dos litígios, para que finalmente seja atendido o objetivo maior do Estado, que vem a ser a solução efetiva da lide e a garantia da estabilidade social.

A grande dúvida surge quando falamos na aplicação de regras ou técnicas não adversariais para a solução dos conflitos quando estes não estão institucionalizados, o que dá a falsa idéia de que os magistrados estão impossibilitados de reportar as partes à medição para que, da melhor forma, possam dirimir o litígio.

Infelizmente, verificamos hoje que existe grande gama de ações no Poder Judiciário que tem como discussão a questão da violência doméstica, abrangendo não só famílias de parcos recursos, mas de outras classes sociais, o que demonstra que tal fenômeno não está associado ao estado de pobreza, e sim a questões internas, pela falta de limites, baixa auto-estima, indefinição de papéis, ausência de informação e orientação no que concerne aos seus direitos e deveres e, ainda, ao não-entendimento das normas jurídicas que regem suas vidas no momento que constituem família.

Em decorrência de tais fatores, a violência passa a ser uma constante nas famílias e na sociedade, o que dá ensejo ao número elevado de ações litigiosas, nas quais, muitas vezes, as Sentenças Judiciais proferidas não são cumpridas pelas partes, gerando, assim, outras tantas demandas em virtude de as partes não terem, de fato, entendido o fim a que se destina a norma jurídica que delimita os direitos e deveres de cada um, visando proporcionar a paz social.

Diante da falta de entendimento, muitas vezes os indivíduos infringem as regras que regem as relações familiares, por exemplo, o não-reconhecimento da paternidade e, conseqüentemente, o não-exercício de tal papel. Deixar de prestar alimentos aos filhos, não proceder às visitas a eles, submissão da mulher às agressões físicas e morais, a conivência dos progenitores às agressões sofridas pela prole, enfim, litígios dessa natureza tão comuns que estão *sub judice* nas Varas da Família, Juizados Especiais e da Infância e Juventude.

Para a solução de tal problema, não basta apenas ao Estado, por meio do Judiciário, intervir nas relações humanas, aplicando o Direito ao caso concreto, mas sim realizar um trabalho de caráter preventivo, mediante ações sociais, perante as famílias, fornecendo mecanismos para que seus integrantes possam, da melhor forma, exercer seus papéis, garantindo, assim, a cidadania e, conseqüentemente, a estabilidade social.

É certo afirmar que desde os tempos primórdios o Estado sempre teve como preocupação a família, promulgando regras de natureza cogente, visando, assim, a sua preservação, tendo em vista ser esta Entidade o seio da sociedade.

Em alguns países da América Latina e Europa, a Mediação Familiar já está institucionalizada, tendo regras próprias para a sua aplicação. No Brasil, embora não haja a institucionalização propriamente dita, já é possível sua aplicação com a utilização subsidiária de regras contidas no nosso ordenamento jurídico, visando, assim, dirimir os conflitos familiares, preservando, conseqüentemente, a integridade de tal entidade.

Conforme o disposto na Lei do Divórcio nº 6.515/77, no artigo 3º, parágrafo 2º, reza que o magistrado deverá promover todos os meios para que as partes se reconciliem ou transijam. A interpretação de tal dispositivo legal deve ser feita na forma extensiva, em que o verbo transigir aqui não deve ser entendido no seu sentido técnico específico, mas sim uma brecha que a Lei dá para que seja reportado às partes a Mediação Familiar, pois, se assim não for entendida, incorremos no erro de nos submetermos aos entraves que o próprio formalismo nos impõe.

Notória é a finalidade de tal regra à preservação da família, mas o Estado deve se ater à forma correta para que a finalidade legal seja atingida. É certo afirmar que ocorrendo o rompimento do casamento ou da união estável, o instituto familiar continuará existindo em decorrência dos filhos havidos dessa relação, pelo que os genitores deverão exercer o poder-dever *familiar*, independentemente da permanência do matrimônio ou da união, o que os manterá vinculados. O que visa o citado dispositivo legal é justamente permitir às partes, da melhor forma, dirimir o conflito existente para que justamente a família seja preservada.

Assim, o magistrado, ao dar atendimento ao disposto no citado artigo, deverá verificar se as partes, de fato, estão transigindo, não se atendo tão-somente aos vícios de consentimento, mas se efetivamente chegam a uma melhor solução para o conflito existente na família, justamente para que esta seja preservada. Podem ocorrer algumas situações, em que o juiz, em um único ato judicial, qual seja, na audiência preliminar de tentativa de conciliação, não tenha como detectar os conflitos existentes e as reais condições de as partes efetuarem tal acordo a ponto de dirimir o litígio, no sentido de assegurar o respeito ao direito do outro e o reconhecimento de seu dever. Para isso, o magistrado, com base no disposto na Lei de Divórcio, poderá reportar às partes a realização do trabalho de mediação, para que efetivamente possam dirimir o conflito, atendendo, assim, à finalidade do Estado, que é a segurança e a paz social.

Além da norma acima mencionada, há outro dispositivo legal que permite a utilização da medição familiar. É o inciso IV ao artigo 125 do CPC, em que vem estabelecido que o magistrado deverá tentar, a qualquer tempo, conciliar as partes. Como se pode verificar, é dever e não faculdade do juiz proceder à conciliação, o que permite a aplicação subsidiária de regras processuais para a realização da Mediação Familiar.

Vale ressaltar que o Poder Judiciário tem como finalidade fazer valer a Lei, dizendo o Direito mediante as Decisões, procurando promover a paz social. Assim, as decisões proferidas devem, de fato, dirimir o conflito existente, justamente para que a soberania do Estado e a tranqüilidade social prevaleçam. Daí a grande importância, no procedimento judicial, ou até mesmo anterior a este, que os litigantes procedam, quando possível, ao trabalho de mediação, para que as decisões judiciais sejam efetivas no mundo exterior.

Outro fundamento para a aplicação subsidiária da mediação é a responsabilidade que todos têm na prestação do socorro àquele que está em grave e iminente perigo, sendo considerado Tipo Penal a omissão, conforme o disposto no artigo 135 do CP.

Tal artigo serve como fundamentação, pois os integrantes familiares, vítimas da violência doméstica, estão constantemente em risco, podendo, inclusive, tais conseqüências serem irreversíveis, trazendo prejuízos irreparáveis. Assim, o Estado, no sentido de preservar a integridade familiar, deve proporcionar aos integrantes deste grupo mecanismos para resolverem os conflitos desta relação, evitando, assim, que ocorra o mal maior, qual seja, a moléstia física e moral dos entes da família, bem como o prejuízo dos laços afetivos entre estes.

A necessidade de um trabalho mais integrado no sentido de resolver, de fato, os conflitos existentes, já foi reconhecida pela promulgação do Estatuto da Criança e do Adolescente, Lei nº 8.069/90, que prevê a atuação da equipe interdisciplinar para auxiliar o Juízo no sentido de que a finalidade do referido Diploma Legal, qual seja, a proteção integral da criança e do adolescente, seja preservada. Tal equipe, além de auxiliar o juiz fornecendo elementos para que este profira a Sentença adequada ao fato concreto, tem como atribuição desenvolver trabalhos de aconselhamento, orientação, encaminhamento, prevenção e outros.

Portanto, em conformidade à interpretação feita aos artigos supracitados, há o reconhecimento legal do Estado da necessidade de proporcionar aos litigantes a solução de seus conflitos de forma muito mais tranqüila, garantindo a paz social. Conclui-se, assim, que para o atendimento a tal finalidade nada obsta o magistrado de reportar às partes o trabalho de Mediação Familiar, procedendo à interpretação das regras de forma extensiva, para que a prestação da tutela jurisdicional seja feita com qualidade, preservando a família e, conseqüentemente, resguardando os interesses individuais dos integrantes desse grupo.

2

A experiência pacificadora da mediação: uma alternativa contemporânea para a implementação da cidadania e da justiça

CÉLIA REGINA ZAPPAROLLI

Minha incursão no mundo da mediação ocorreu aparentemente de forma pouco convencional, ou seja, da prática à teoria. Digo aparentemente porque meu caminho trilhou-se da condição de mediada à de mediadora. Mas será que a mediação não é um ato humano intuitivo e os mediadores fatalmente antes de sua formação um dia já não foram mediados? Quem nunca se socorreu de um parente, um guia religioso ou um amigo para auxiliá-lo na solução de um conflito pessoal, doméstico ou social? E isso seria efetivamente mediação? Mais adiante discutirei essas e outras questões.

Em 1997-98, com o fim da minha sociedade de advogados, sociedade essa nascida e embasada essencialmente no vínculo afetivo da amizade, tanto eu quanto o meu ex-sócio e os demais amigos que nos cercavam acabamos impactados por algo muito maior do que a questão meramente profissional.

Estávamos diante de um conflito de aparência jurídica, uma simples dissolução de sociedade, mas que, entretanto, tinha raízes no profundo campo emocional, no luto da perda de um amigo, na quebra da confiança, no medo e na polarização, eis que as pessoas próximas eram argüidas a tomarem partido, contexto que certamente ensejaria um daqueles típicos infindáveis processos judiciais, não pelos aspectos materiais envolvidos, mas pelos sentimentos, agravados por nossa especialidade profissional, a advocacia no contencioso processual civil, nas medidas de urgência e nas tão temidas liminares.

Enfim, inusitadamente encontrávamo-nos então na situação de nossos próprios clientes.

E a administração desse conflito, logo de início, enveredou-se pelo caminho errado, com a atuação de advogados contratados à nossa respectiva representação, com o espírito estritamente adversarial, *sem a menor noção de pacificação e, especialmente, da profundidade dos interesses e dos sentimentos envolvidos, apesar de sua retórica em sentido contrário.*

Constatando essa situação fática, um amigo em comum, advogado e mediador, decidiu intervir sugerindo a mediação como método alternativo à administração de nosso conflito.

Num primeiro momento, até mesmo para não decepcionar esse amigo, meio desconfiada, sabedora de que ele era mais próximo de meu ex-sócio, *mas absolutamente certa de sua atitude ética*, aderi ao procedimento, porque temia a incerteza e a demora dos processos judiciais que sempre seriam uma alternativa à hipótese do insucesso da nova prática sugerida.

Munida de documentos e de um advogado, parti para a primeira reunião em que estavam presentes meu ex-sócio, seus advogados e dois mediadores, esse amigo e um convidado, numa atitude muitíssimo profissional, *o que me gerou segurança.*

Apesar disso, a princípio, encontrava-me totalmente armada contra tudo e contra todos, com muito medo, *traduzido em rigidez e juridicidade*, tal qual posso constatar hoje na primeira atitude de meus clientes.

Além de lidar com meus sentimentos diante do meu mais novo inimigo, de estar presente às reuniões, com um contato pessoal muito doloroso, tinha de observar e me defender de procedimentos administrativos e judiciais, aconselhados por nossas assessorias jurídicas que, assim como nós na oportunidade, não tinham o entendimento do que é harmonizar relações. Sobre essa atuação jurídica paralela tecerei algumas considerações em momento oportuno.

Nosso procedimento de mediação foi excepcionalmente longo, quase um ano, devido às medidas administrativas e judiciais paralelamente propostas e o espírito adversarial, nosso e de nossos advogados, mas não tão longo quanto seria se tivéssemos deixado a um terceiro ou ao Estado a decisão do nosso destino.

Com o tempo e as reuniões, começou a nascer em mim um sentimento ambíguo. Aquele que um dia fora o meu melhor amigo e que, pelo conflito, passou à condição de meu pior inimigo, não mais um ser, mas uma instituição em que eu depositava todas as minhas angústias, assumia para mim, lenta e novamente, feições humanas, alguém tão falível, vulnerável e temeroso de seu destino quanto eu, ou seja, uma pessoa em conflito, imbuída na vontade de resolvê-lo.

Um dos mediadores sempre falava em tratar com *punhos de ferro os problemas e com flores as partes... fazendo prevalecer o respeito* em todas as sessões, mesmo com nossos deslizes. Com essa experiência, mais do que respeitar, agora me é possível compreender melhor a dor e os tais "deslizes" de meus próprios clientes que, desde então, deixaram de ser "gafes" e "causos", passíveis de julgamento, para tornarem-se apenas fatos e elementos construtivos à administração de conflitos.

Dessa forma, instaurado o respeito, pouco a pouco o problema distanciou-se das partes, assumindo aspectos formais palpáveis, com o nascimento de possibilidades e opções.

E esse conhecimento de transformar sem impor, agir sem manipular, de transpor barreiras com instrumentos construtivos e não destrutivos, chamou-me a atenção, pondo-se em questão não só a ótica sobre o meu próprio conflito, como a minha visão pessoal e profissional de mundo.

Quanta filosofia acionada há na mediação! 1) A filosofia de não só se reconhecerem como aceitarem as diferenças e os diferentes; 2) a da admissão da relatividade das coisas e das verdades; 3) a da pequenez do maniqueísmo; 4) a do ouvir; 5) a do respeito, entre os envolvidos em um conflito e de todos ao próprio conflito, bem como respeito e compreensão à vontade das partes; 6) a de cada um ser o senhor de seu próprio destino; 7) a da justiça de POSSIBILITAR-SE a cada um, em eqüidade, ALCANÇAR POR SI o que lhe é devido, segundo o SEU RECONHECIMENTO e suas EFETIVAS NECESSIDADES, e não simplesmente *atribuir a cada um o que lhe é devido segundo uma igualdade*; entre tantos outros aspectos.

Assim, decidi estudar a fundo o que se operava em mim e "essa tal mediação".

Com isso, lá se vão cinco anos. Hoje, além de advogada com uma nova visão, por me terem sido possibilitados novos instrumentos à administração de conflitos, tenho atuado em mediação, tanto em meu escritório na área cível, de família e empresarial, como de forma institucional na Pró-Mulher, Família e Cidadania, com especialidade em conflitos intrafamiliares.

Na mediação como mediadora e mediada

Pretendo analisar alguns pontos correlatos ao exercício da mediação diante de minha experiência como mediadora e mediada.

No início deste trabalho formulei algumas questões, entre elas, se a mediação seria uma prática natural da vida, intuitiva do ser humano, até porque no Brasil, pela falta de legislação específica, hoje, indiscriminadamente, muitos se dizem mediadores. Seriam? São necessárias técnicas específicas para a realização da mediação?

A resposta não é simples. Todos temos intuitivamente a noção das vantagens de uma composição, tanto que existe o famoso jargão de que "mais vale um mau acordo do que uma boa demanda" (dito que deve ser enxergado com grãos de sal), *mas é certo que nem todo acordo decorre de um procedimento de mediação.*[1]

A mediação, como procedimento, visa à facilitação às partes envolvidas em um conflito, à administração pacífica desse conflito por si próprias. *Ou seja, uma pessoa capacitada e neutra, o mediador, usa de técnicas específicas de escuta, de análise e definição de*

---

1. Podem decorrer de uma negociação, de mera conciliação ou de uma mediação.

interesses que auxiliam a comunicação dessas partes, objetivando a flexibilização de posições rumo a opções e soluções eficazes a elas e por elas próprias.

É um método formado por técnicas que independem da formação universitária do mediador, mas impõe dedicação e capacitação específica. Exemplo disso é o sucesso da mediação comunitária e escolar, executada por líderes comunitários e jovens, que, pela natureza da matéria, normalmente prescinde da formalização ou homologação judicial dos respectivos acordos. E, caso venham necessitar da redução a termo e da tutela jurisdicional, tais acordos poderão ser instrumentalizados por advogados habilitados, contratados especificamente para tanto.

Mas não é só. Mediante esse procedimento, as partes são introduzidas à cultura da administração pacífica de seus próprios problemas, à conversão de um conflito de interesses em possibilidades reais.

O mediador não decide e as partes não perdem para que alcancem um acordo, porque um mau acordo não é acordo, pois, mais cedo ou mais tarde, um mau acordo gerará a retomada do conflito, visto que um acordo não impõe perdas, mas o gerenciamento de opções.

Não importa que esse acordo não seja a melhor saída jurídica, desde que consciente e lícito; basta que se configure na opção mais adequada, oriunda e eleita pelos envolvidos. Isto é, "justa", na acepção da exata necessidade e dos interesses das partes.

Enfim, essa visão, de plano, põe em xeque toda uma mentalidade reinante a respeito do jurídico e do justo.

Hoje, na atuação cotidiana como mediadora e no trabalho com conflitos cíveis, empresariais e intrafamiliares, vejo que o ponto nodal da mediação está em localizar o(s) interesse(s) oculto(s) das partes, *em saber ouvir, prática esta inovadora a um advogado que, normalmente, colhe os fatos e dispõe, trazendo as soluções juridicamente adequadas às posições manifestadas pelo cliente, à melhor defesa ou ação (um silogismo jurídico: fato/norma/conclusão).*

De modo diferente da atuação estritamente jurídica, na mediação *"buscam-se os interesses", aquilo que efetivamente importa às partes, e não exclusivamente soluções, segundo a melhor doutrina abarcada pelo técnico, às posições verbalizadas ou trazidas expressamente por elas.*

Como exemplos da discrepância entre posições e interesses, temos duas situações muito corriqueiras: 1) nos casos de separação, os interesses ocultos traduzem-se, muitas vezes, no descompasso das partes na decisão de se separarem, algo de natureza emocional *que acaba por exteriorizar-se em posições jurídicas rígidas e exigências radicais* quanto a partilha, alimentos, guarda, visitas e, na manipulação da prole, *uma violência que acaba por gerar danos morais/psicológicos imensuráveis e sua perpetuação, modelo que se repete pelas gerações*; 2) já, em grande número dos casos de natureza criminal, a vontade das partes, a versão dos fatos e as possibilidades acabam sendo moldadas exclusivamente às opções jurídicas e não estas àquelas, perdendo o acusado ou condenado a oportunidade de, como protagonista, no momento de maior impacto, rever seus próprios atos e reformular suas condutas. Com isso, a reeducação e a ressocialização acabam por não ocorrer de forma eficaz, além de ser negada à vítima uma reparação efetiva.[2]

Em ambas as situações há um distanciamento da verdade (mesmo que relativa), o que levará ao prejuízo e à pouca eficácia das soluções jurídicas quanto à resolução do conflito e, portanto, à perpetuação do conflito e da violência. Ao não considerarmos todos os fatores, ou seja, além das opções também os interesses e os dados de realidade, teremos um resultado que vem aquém das expectativas das partes e, assim, elas não vão se satisfazer com o resultado alcançado.

---

2. Projeto de atendimento da vítima, egressos, respectivas famílias e capacitação de agentes públicos que lidam com a questão penitenciária, pelo método da mediação, elaborado pela Pró-Mulher, Família e Cidadania ao Ministério da Justiça (Depren/Secretaria Nacional de Justiça), coordenação de Célia Regina Zapparolli.

E da insatisfação decorrem mais e mais demandas, processos, recursos judiciais, violência e o descrédito nos operadores do direito e no Estado.

Diante de minha experiência pessoal como mediada na dissolução de minha sociedade de advogados, hoje analisando-a sob o enfoque de uma mediadora, constato que a saída jurídica não se fazia para mim primordial à resolução de meu conflito. *Na oportunidade, o que eu mais desejava (meu interesse) era uma compensação de ordem moral, um simples e tão difícil pedido de desculpas, uma retratação que, contudo, traduzia-se em uma posição rígida à exigência de "todos os meus direitos societários"*, mesmo que eles não me importassem.

Mas a mediação, como veremos a seguir, vai além do procedimento, do veículo pontual e eficaz para a administração e resolução pacífica de conflitos, da redução dos processos judiciais e da violência. Ela é fundada em um conhecimento profundo que pode ser usado como instrumental poderoso pelos operadores das mais diversas searas, tendo uma importância fundamental na mudança ética e cultural, na conscientização, para que as pessoas sejam senhoras de seus destinos, empoderadas e investidas na autogestão e resolução pacífica de seus próprios conflitos, com auto-responsabilização.

A mudança da cultura adversarial

Há 12 anos atuando como advogada nas áreas empresarial, cível e de família, no escritório e institucionalmente, constatei que, nas disputas judiciais, necessariamente todos saem perdendo. Até os que vencem, ao final, já não são mais os mesmos, pelo desgaste emocional que geram e a que se sujeitam.

A princípio é muito tentadora a condição de delegar poderes a terceiros, a um procurador, ao Estado ou a um árbitro, traduzidos como a figura paterna a quem as crianças socorrem-se ao disputarem por um brinquedo. Contudo, com o passar do tempo, essa facilidade de delegar torna-se um incômodo, porque, ao outorgarem a terceiros a solução de um conflito, as partes submetem-se não só à visão de mundo dos outorgados, como ao seu direcionamento e às suas decisões.

Nos processos vem à tona especialmente o pior das partes e quase nunca a linha de ação e as decisões as satisfazem integralmente, as quais, de uma forma ou de outra, insurgem-se contra o resultado de sua própria opção de atribuírem a terceiro o que poderiam resolver por si mesmas *(excetuam-se aqui as situações graves de patologia e má-fé, em que a atuação do Poder Judiciário se faz própria, imprescindível e para as quais deveria estar liberado).*

Nessa linha, e na grande maioria dos casos, os acordos se acabam operando, parcial ou totalmente, mais cedo ou mais tarde, dada a pressão e o desgaste dos envolvidos, só que agora com concessões e mais concessões, em consonância com a situação posta, e não da melhor forma a elas.

Dessa maneira, por que todos não são poupados ou não se poupam de tanto desgaste? Por que ainda reina a cultura adversarial, ineficaz e destrutiva?

E com isso não quero afastar a importância da atuação jurídica, visto que as pessoas só têm a liberdade de transigir quando são informadas e estão conscientes de seus direitos, bem como asseguradas pela existência de um sistema jurídico e judicial eficazes. Entretanto, pretendo indicar que as pessoas e seus conflitos não têm natureza exclusivamente jurídica, têm múltiplas faces, portanto, não enxergar ou aceitar isso é restringir, segmentar e subestimar demasiadamente o universo humano.

Também quero expressar o meu inconformismo com a absoluta falta de diálogo e o número desnecessário de processos ajuizados. Quantas vezes as partes propõem ações sem, ao menos, antes terem se falado? Quantas oportunidades já presenciei em que as partes conhecem-se diante do magistrado? Inúmeras. E isso, sem sombra de dúvida, é uma questão cultural.

Até a minha experiência pessoal com a mediação, de fato, não vislumbrava nenhuma possibilidade de mudança desse estado de coisas e, confesso, contribuía para que ele se perpetuasse, pois era fruto dessa cultura e, como advogada e professora universitária, inconscientemente a propagava, não tendo a mínima noção de quanto isso me incomodava e me afetava pessoalmente.

A cultura da justiça estritamente adversarial e formal alimenta conflitos e, muitas vezes, mais violência, tanto entre as partes como na sociedade e nos próprios profissionais, perpetuando-se pelas gerações. A justiça de quantos processos ganhei e não quantos conflitos auxiliei a administrar advém e reforça a noção equivocada de que para que haja um vencedor, necessariamente deve haver um perdedor.

A decadente mentalidade adversarial de vítimas e algozes, do bem e do mal, segundo padrões e interesses individuais, parciais, distante da boa-fé subjetiva e objetiva, gera a análise distorcida, resultados viciados, a violência e a ineficácia dos processos judiciais.

Para exemplificar essa situação e a ineficácia da posição adversarial: muitas vezes, nas questões judiciais das comunidades de baixa renda, a par da de alimentos (pensões), quando a criança e sua mãe são representadas pelo Estado (atendimento gratuito), pela situação de colidência,[3] os pais demandados até mesmo por circunstâncias culturais e práticas e dado o excesso de feitos, contra disposição Constitucional, vêm a Juízo sem advogados e sem o conhecimento sobre seus direitos. E, tipificados como eternos "vilões", acabam induzidos (por medo, pressão e/ou ignorância) à celebração de acordos cujos efeitos são para si de difícil alcance e até mesmo de impossível cumprimento, em detrimento da necessária e devida informação e defesa. Isso, além de uma violência e ilegalidade, contribui para o fatal descumprimento do pactuado e os leva a reiteradas ordens judiciais, com a sobrecarga de processos, morosidade e o descrédito do Poder Judiciário e do Estado como um todo. Cultura que o trabalho institucional da Pró-Mulher, Família e Cida-

3. A mesma instituição ou profissional representar judicialmente duas partes que litigam entre si, o que é vetado em lei.

dania, em defesa da cidadania e do protagosnismo, tem procurado mudar.

Em 2001, tive a oportunidade de atender, na Pró-Mulher, Família e Cidadania, um pai de quatro filhos (todos com a guarda deferida às respectivas mães). Ele fizera, num dado processo, um acordo em relação à pensão de duas de suas crianças da primeira relação, e fora condenado em outro, referentemente aos demais dois filhos, o que representava o pagamento de 100% de seus proventos mensais a título de alimentos à prole. Esse senhor, cobrador de ônibus, encontrado por nosso estagiário aos prantos no corredor do Fórum, há seis meses sobrevivia exclusivamente de seus vales-refeições, do auxílio de familiares e, sob o efeito de medicamentos fortíssimos para depressão, já não via saída para sua situação.

Proposta a ação revisional de alimentos, o magistrado, restrito ao rigor da lei, exigiu documentos que somente poderiam ser obtidos com o final de uma greve que assolava o Poder Judiciário em São Paulo (sendo que essa durou praticamente cinco meses). Diante da premência, sugerimos a mediação e reunimos, separada e depois conjuntamente, o pai e as suas duas ex-companheiras que, informadas, compreenderam a situação *e, o mais importante, constataram que os seus respectivos filhos não se prejudicariam em benefício dos demais.* E, assim, compuseram-se reduzindo as porcentagens das pensões, adequando-as às necessidades de todas as partes envolvidas.

O Direito de Ação e de Defesa, constitucionalmente privilegiados, quando enfocados de forma restrita, não levando em conta o contexto, a integridade dos seres envolvidos e seus interesses reais, acabam por prejudicar os próprios sujeitos à sua tutela. Nenhum ser restringe-se à face jurídica. E se atualmente o Poder Judiciário, apesar das críticas, acabou levado a não só julgar, como administrar e legislar, atuando diretamente nas necessidades e nos interesses sociais mais prementes, também os demais operadores do direito devem buscar o seu exercício pacificador, procurando alcançar o que vai além do meramente aparente, fazendo agora do exercício da Ação e da Defesa equipamentos para a pacificação. E a mediação como conhecimento e instrumental, mesmo na impossibilidade da execução como procedimento, tem se mostrado eficaz para isso.

Retomando agora a questão ético-cultural da adversariedade, temos que o primeiro contato social do ser humano e futuro profissional dá-se com a família e, por mais breve que seja, gera experiências, resultados. E se essas experiências estão permeadas da cultura adversarial e paternalista, assimiladas, fatalmente serão reproduzidas e perpetuadas.

Mas as experiências do ser humano não se restringem ao lar, também à sociedade, à escola. E, em dado momento, esse ser, agora estudante, depara com a universidade. É a esse momento em especial que quero focar a atenção.

Nós, os profissionais, como humanos, originariamente já lidamos com aspectos derivados do maniqueísmo e, nos bancos escolares e nas universidades, somos reforçados mais uma vez a essa cultura que leva à "justiça adversarial".

Nas faculdades de direito, em especial, excetuando algumas poucas universidades em São Paulo, existem cadeiras e mais cadeiras tratando do conflito de interesses deduzido no Poder Judiciário, litígio, processo. Mas onde é discutida a administração ou resolução pacífica de conflitos? Com alguma fortuna, talvez ligeiramente em certas matérias pouco valorizadas pelos alunos e pela sociedade, como Filosofia ou Teoria Geral de Direito, quem sabe, para poucos interessados, na pós-graduação, como se tem notícia de Brasília.

No Brasil (assim como nos países com sistemas jurídicos pares) somos herdeiros da década de 1980, auge do direito processual, em que as teses e estratégias sobrepunham-se ao direito material, época em que o melhor direito jazia à sombra da melhor forma que sufocava os interesses reais das partes, apogeu da justiça adversarial que, hoje, até mesmo por seus resultados e sua fragilidade, é revista.

Reiteradamente, os aconselhamentos jurídicos dão-se na linha das posições das respectivas partes, vindo contra os seus efetivos interesses, com isso impactando e fomentando atitudes rígidas e segmentadas.

Em resposta a esse modelo ultrapassado, emerge um método de gerência pacífica de conflitos, a mediação, cujos princípios remetem-se a uma cultura perdida e nascida há milênios.

A mediação tem por objetivo mais do que obter a solução rápida de conflitos e a redução da sobrecarga do Poder Judiciário. Ela visa conscientizar e mobilizar as partes para a administração de seus próprios problemas, mediante um facilitador neutro que, *diferentemente do processo judicial e da arbitragem, não decide, apenas auxilia as partes íntegras à conversão desses conflitos em opções.*

Além da capacitação profissional, é imperiosa a mudança de toda uma ética, à implementação da cultura pacificadora do pacto, sendo o exercício da mediação um instrumento poderoso para isso.

E pacificação social e de conflitos não significam impunidade, devendo toda a forma de criminalidade organizada ser enfrentada com pulso pelo Estado, de maneira eficaz.

Nos últimos anos, participando do corpo docente da Pró-Mulher, Família e Cidadania, tenho acompanhado a implantação de projetos inovadores, com a capacitação de agentes públicos e lideranças na técnica da mediação, primeiros passos que têm fornecido resultados relevantes na mudança da cultura adversarial, na diminuição do impacto da violência nos técnicos e nas comunidades de baixa renda, tanto pela instrumentalização do procedimento de mediação como pela implementação de uma nova visão, pelo acesso gerenciado à justiça, pela assistência jurídica integral de maneira humanizadora, interdisciplinar e Constitucional, ao exercício pleno da Cidadania e dos Direitos Humanos.

A mediação, se adequadamente utilizada, é cultural e instrumentalmente eficaz. Os reiterados casos bem-sucedidos, a par do meu próprio conflito pessoal, como em tantos outros encaminhados pela Pró-Mulher, Família e Cidadania e por nossos escritórios particulares, têm possibilitado essa conclusão, que não se restringe à solução pontual, sendo o renascimento de uma antiga visão e ética, no caminho da pacificação social.

O vínculo de confiança do mediado com o mediador. As alianças e a manipulação pelas partes

Como já havia afirmado, ingressei no procedimento de mediação da dissolução de minha sociedade meio ressabiada, pois o mediador introdutor do procedimento era mais próximo de meu ex-sócio do que de mim, contudo estava absolutamente certa de sua conduta ética, um dos fatores que me impulsionaram a participar da mediação.

E, chegando ao reconhecimento do valor da mediação, muitas vezes, nos momentos difíceis, em que as iniciativas jurídicas adversariais já referidas tornavam-se demasiadamente pesadas para mim, me socorri dos mediadores, para que reequilibrassem as forças e relembrassem ao meu ex-sócio e aos nossos advogados "o que era uma mediação", como se os mediadores fossem o tal "pai na disputa pelo brinquedo".

Em razão disso e das colocações anteriormente tecidas, me indago se os mediadores também não teriam representado para mim, psicologicamente, a figura paterna a que me referi no item anterior. E se, como eles, também nós, mediadores, não somos sempre inconscientemente assim considerados pelos mediados, tal qual o Estado, por intermédio dos magistrados, promotores nos processos judiciais e delegados nos inquéritos policiais etc.

Tenho tendência a acreditar que no início da mediação talvez os mediadores representem para os mediados a tal figura paterna. Na prática, procuro deixar bem claro o significado do procedimento e conscientizar cada um deles de seu poder de autogestão, tanto de suas vidas, de seus conflitos, como de suas decisões, não só falando, mas também agindo e utilizando instrumentos, como dramatizações, desenhos, brinquedos e chocolates.

Ainda nessa linha, remetendo-me à minha própria mediação, constato que ao me socorrer dos mediadores nas horas difíceis, de certa maneira eu os via como detentores de um poder superior e procurava formar com eles alianças que, com o passar do procedimento, talvez não fossem mais alianças ao privilégio, mas para que a mediação desse certo, também porque sabia o quanto eles acreditavam na eficiência do procedimento, uma solução eficaz que, caminho oblíquo, certamente me beneficiaria. Nessas oportunidades eu era ouvida de forma absolutamente neutra, o que me gerava certo incômodo, pois como um ser humano típico estava à procura da validação de minha posição. Neutralidade que se, por um lado, ambiguamente me perturbava, por outro reforçava a minha certeza no posicionamento ético dos mediadores, trazendo-me mais tranqüilidade e confiança.

Hoje, revendo meu procedimento de mediação, considero que, com tais conclusões, talvez estivesse diante de um sofisma, *porque a conduta ética dos mediadores não necessariamente impõe neutralidade e eqüidade, mas leva à tranqüilidade e segurança, e estas no momento de fragilidade das partes são um grande passo para a sua pacificação.*

Como mediadora, constato como os vínculos de confiança, decorrentes da ética e da neutralidade, são importantes e muito tênues, sendo a atitude do mediador fundamental para mantê-los, uma vez que as partes sempre e intuitivamente procuram formar alianças para validar suas posições. E, se qualquer uma simplesmente achar que conseguiu, mesmo que não o tenha, será justamente ela que porá a perder todo o procedimento de mediação, pois perderá a segurança no técnico.

Na mediação institucional, assim como a realizada na PMFC às pessoas de comunidades de baixa renda, há uma peculiaridade muito interessante, diferenciada de meu trabalho no escritório, em que atendo as classes de poder aquisitivo, social e educacional mais privilegiados. Essas comunidades são extremamente carentes de recursos, com muitas dificuldades de obterem os basilares direitos de cidadania, tendo por prática a manipulação para alcançarem o mínimo imprescindível à sua sobrevivência. E, com isso, muitas vezes me flagrei subestimando situações por compadecimento, o que, pela ausência de distanciamento, gerou-me uma sobrecarga moral e psicológica, além da falha na constatação dos efetivos interesses, levando-me ao cuidado de redobrar a atenção e escuta, justamente para resguardar a neutralidade, a segurança e a confiança das partes.

Exemplo disso é o caso de uma senhora pobre que tinha sofrido uma isquemia e, posteriormente, fora "abandonada pelo marido". E, impossibilitada de trabalhar, necessitava do sustento por ele, mediante a fixação de alimentos. Segundo sua versão, ela queria o custeio dos medicamentos e tratamento médico, posição absolutamente respaldada por sua aparência física.

Na verdade, essa senhora, apesar da paralisia facial, da dificuldade na fala e locomoção, ao procurar a instituição já estava grávida de outro homem, o que omitiu durante todo o atendimento para justamente consegui-lo. O seu grande interesse, em razão da precariedade de nossos serviços públicos de saúde, era a permanência no plano médico como dependente do marido, visando às vantagens da ausência da carência ao pré-natal e parto.

Isso poderia ser considerado má-fé na maioria das circunstâncias, mas, no caso, não havia nenhuma oposição do marido, ainda eram casados, ela já era beneficiária do plano médico e um desligamento imediato, antes mesmo da formalização da separação, seria mero revanchismo. O que mediante um acordo foi administrado a contento pelas partes.

O mesmo acontece com as questões de gênero e conflito intradoméstico em que, culturalmente, *são absolutamente desconsiderados o contexto e a complementaridade dos companheiros nas relações*. Nessas situações, *parte-se do princípio e da mente coletiva de que as mulheres são o pólo hipossuficiente e subjugado do casal, as vítimas, o que*, pela experiência em nossa prática, *não se tem demonstrado necessariamente verdade, um preconceito às avessas.*[4]

Assim, *o mediador deve sempre estar atento aos seus preconceitos, aos sinais e códigos das partes, às suas tentativas de alian-*

4. "Um lugar chamado lar: violência doméstica". Relato da psicanalista e mediadora Malvina E. Muszkat, TV Cultura.

ça e manipulação, pois pode colocar em risco todo o trabalho, a tranqüilidade e, até mesmo, a segurança dos mediados.

A seguir, veremos outro elemento fundamental à mediação e correlato aos aqui discutidos, *a neutralidade do mediador.*

A neutralidade do mediador

Com a experiência de ser mediada, o estudo da mediação e, em especial, após uma das cadeiras de meu mestrado, incorporou-se em mim mais do que a idéia, a certeza de que necessariamente *todo profissional e, acima de tudo, todo ser humano é o resultado de suas experiências. Sua percepção e intuição decorrem dessas experiências, não existindo dissociação entre a pessoa e o profissional ou isenção entre sua experiência e sua ação. A pessoa necessariamente manifesta o que é, a vivência por ela assimilada, influindo diretamente em tudo por onde perpassa.*

Disso podemos tirar algumas conclusões bastante simples: o ser humano é resultado das experiências por ele vividas e incorporadas, e esse sujeito um dia será um pai, uma mãe e um profissional, com toda uma carga histórica e emocional que influenciará sua atuação.

E, assim, em que medida podemos falar em neutralidade e, especialmente, do mediador? Essa pergunta por muito tempo tem sido objeto de reflexão pessoal e discussão em grupo.

Ser neutro não implica ser tábula rasa, muito pelo contrário, quanto maior o arcabouço de conhecimento, maiores as possibilidades de interação para a facilitação à administração de conflitos.

Mas ser neutro vai além de se TER mais ou menos conhecimento, que sempre é um facilitador. *O grande ponto está no conhecimento que SOMOS, do qual não poderemos jamais nos dissociar, e como lidamos com ele, ou seja, como trabalhamos com nossos próprios valores e não os deixamos contaminar as opções das partes e o nosso próprio ouvir, para, com isso, não minarmos a constatação do que sejam os interesses reais dessas partes.*

Como paradigma, poderíamos dizer que o mediador deve atuar como um catalisador (substância química que acelera as reações, sem levar à perda de sua pureza ou da pureza da reação).

Ou seja, o mediador, dentro do possível, deve entrar e sair íntegro do procedimento, o que depende de muita prática, atenção e concentração. E, com isso, intervir o mínimo possível e apenas conduzir, reger, pois toda vez que sua visibilidade sobrepuser-se à das partes, ocorrerá a indução e, fatalmente, haverá problemas com os resultados obtidos.

Ao final do trabalho, trarei alguns exemplos de mediações que, em minha opinião, deram e não deram certo e analisarei as razões de seu sucesso e insucesso, segundo as técnicas da mediação. *Mas, o que é sucesso?*

Na experiência da PMFC me foram fornecidos dois instrumentos para lidar com a questão da neutralidade: o trabalho em interdisciplina (mediadores com formação em Psicologia, Direito e Serviço Social) e o grupo reflexivo (supervisão) que, além de me oferecerem mais elementos, possibilitaram-me, como mediadora, rever posições e vícios de atuação. Interdisciplina que pude verificar esboçada também na mediação de minha dissolução de sociedade, porque um dos mediadores era psicólogo e outro advogado, com abordagens totalmente diferenciadas, mas harmônicas.

O trabalho institucional em interdisciplina e os grupos reflexivos são de grande importância e eficácia na modulação do atendimento técnico. Eles visam à redução do desequilíbrio e discrepância social, cultural e econômica entre as partes em dado conflito, e delas em face da sociedade como um todo. Esses temas serão analisados em artigos específicos neste livro.

Nesse diapasão temos que o Direito, a Psicologia, as Ciências Sociais e demais disciplinas tanto podem ser instrumentos eficazes ao procedimento da mediação como este ao Direito e às outras searas. Assim também a cultura e o conhecimento da mediação, a idéia de protagonismos e auto-administração de conflitos, propiciam uma melhor atuação profissional e convívio entre as pessoas, visando à redução da violência e à pacificação social.

Exemplos de mediações bem e malsucedidas

O exercício da mediação faz com que se tenha certa intimidade com a noção do relativo e da relatividade, o respeito a eles e ouvidos largos contra o preconceito. Na vida, como nos conflitos, não existe uma verdade que seja mais ou menos privilegiada do que outra(s), mas sim sujeitos que, segundo suas possibilidades, enxergam o real de uma ou outra forma, valendo isso, também, para o mediador.

Visando ilustrar tal idéia, nos meus atendimentos em grupo ou individuais, uso como elemento uma caneta esferográfica, daquelas com tampa azul com uma haste prendedora. No momento em que uma das partes inicia as críticas ao sujeito com quem está em conflito, pego a dita caneta e peço que ela a descreva, trazendo a mim exclusivamente os elementos alcançados por sua visão. E, como a aparência dessa tradicional caneta é notória, ao descrevê-la parcialmente, e já sabedora de que há algo além de sua narração, mas que pelo ângulo de visão não é possível enxergar, a parte passa a realizar concretamente o que sejam visões diferentes, as diferenças e a relatividade.

O sucesso e o insucesso, a não ser nas situações extremas, por serem conceitos absolutamente vagos e relativos, são de difícil definição, razão pela qual, anteriormente, brinquei com a pergunta "Mas, o que é sucesso?".

Salvo melhor juízo, o que realmente importa na mediação é a garantia de sua qualidade, resguardando-se a eqüidade e o respeito entre as partes, a escuta e a neutralidade do mediador, entre outros aspectos específicos. E, mesmo que não se chegue a uma solução definitiva, a mediação sempre abre um canal à possibilidade de reformulação e mudança ética e cultural.

Para introduzir a análise dos casos a seguir apresentados, sob o enfoque do "sucesso" e da eficácia da mediação, algumas considerações prévias são necessárias: 1) o mediador deve ter em mente que aquilo que para ele é sucesso numa mediação, não necessariamente é para as partes mediadas e vice-versa; 2) uma mediação para ser bem-sucedida não acaba necessariamente em um acordo (escrito ou verbal). A mobilização moral é muito mais eficaz do que acordos escritos; 3) a provisoriedade de um acordo não significa insucesso, mas talvez evolução no processo pessoal dos envolvidos; 4) as partes podem não querer ou não estar preparadas para serem mediadas, devendo respeitar-se o seu *timing*; e 5) determinado mediador pode não ser o melhor indicado para um caso e, nem por isso, ser "perfeito" para outros.

Portanto, a interdisciplina e os grupos reflexivos são importantíssimos para a garantia da qualidade da mediação, propiciando, além do aperfeiçoamento profissional valoroso, o autoconhecimento e a sutilização na atuação neutra, bem como o resguardo pessoal do profissional.

Os códigos, a interdisciplina, o envolvimento das partes e o "caucus"

Estava na mediação de um casal que objetivava a mera regularização de um divórcio. O casal uniu-se pelas leis civis, tinha dois filhos e já se encontrava separado de fato havia mais de quatro anos.

Entretanto, ele era índio de cultura guarani e ela não-índia. E os filhos, apesar de freqüentarem escola regular, residiam de maneira precária na tribo e optaram pela cultura indígena (cuja maioridade dá-se aproximadamente aos 12 anos de idade, enquanto a civil aos 21 anos, e com a vigência do Código Civil de 2002, aos 18 anos), opção cultural esta abalada pelo conflito familiar, já que a prole temia pela sorte materna que, com o divórcio, necessariamente, seria obrigada a deixar a reserva indígena pelas leis protecionistas.

Foram inúmeras reuniões e não havia um envolvimento eficaz das partes, até que optamos por chamar uma especialista na cultura guarani para participação no procedimento de mediação, bem como o pajé (autoridade que pela cultura indígena sobrepunha-se à própria vontade das partes) e os filhos, além do próprio casal, mas não antes de uma visita à tribo por uma mediadora assistente social parceira, para que, em "caucus",[5] obtivesse informação quanto à condição dos filhos.

Desde esse momento, graças à vinda dos convidados, ao auxílio da interdisciplina e ao do "caucus", foi possível o envolvimento das partes e, em duas reuniões, a administração eficaz do conflito, chegando-se a mais do que um acordo, em que se resguardou à prole e ao índio o exercício dos costumes guaranis, em harmonia com as leis civis brasileiras, mas sobretudo alcançou-se o convívio pacífico das duas culturas e de uma família.

A importância da percepção do mediador e dos grupos reflexivos na mediação

Eu atendia a um casal em situação de conflito intrafamiliar e violência, esta agravada pelo alcoolismo do marido. No segundo encontro, em 15 minutos, as partes chegaram a um acordo de separação, partilha de bens, alimentos, guarda e visitas da prole e saída imediata do marido do lar conjugal, o que me causou estranheza pela rapidez. Contudo, sublimei o meu sentir e passei à redação do instrumento respectivo.

Cabe aqui um parêntese: antes de entrarmos na sala, a mulher informou-me, na presença do marido, que este havia, na noite anterior, bebido demasiadamente e ele, constrangido, confirmou o fato.

Em meio à redação do acordo, o marido, cuja presença na cadeira era ofuscada por alguns objetos sobre a mesa, começou a pedir desculpas, o que fez reiteradamente por cinco vezes, oportunidades em que eu, "imaginando" que fosse por sua aparência horrível

5. Instrumento previamente acordado com as partes, configurado em entrevista individual do mediador com qualquer uma delas ou terceiros, em que é reservado o sigilo das informações obtidas visando a uma melhor compreensão da situação fática e dos interesses das partes pelo mediador.

em razão da ressaca, respondia que "tudo bem, o mais importante é a boa vontade de se trabalhar rumo a uma solução pacífica, apesar dos fatos".

Entretanto, esse homem havia se cortado ou estourado uma das veias da mão, que sangrava. Toda a minha sala e mesa estavam sujas, motivo de suas desculpas e da rapidez com que desejava chegar a um acordo. Ele se achava envergonhado e intencionava sair o mais rápido possível de minha sala; não se tratava, pois, da livre vontade de transigir.

O curioso é que a mulher ao seu lado não disse uma palavra.

Apesar da experiência desagradável, com o auxílio dos grupos, reflexivos, finalmente assimilei que, diante de uma intervenção das partes mediadas, um instrumento eficaz é a utilização de perguntas circulares, com indagações simples como: "Por que o senhor pede desculpas?".

Fatalmente, por não utilizar o meu sentir e os instrumentos técnicos e disponíveis à mediação, esta teve de ser retomada e o acordo revisto, apesar de assinado.

O sucesso da mediação e os interesses

O que para nós talvez pareça insucesso, para as partes pode ser mais do que sucesso, uma grande felicidade e, apesar de muitas vezes uma mediação não poder ser realizada, as técnicas de escuta e pacificação são úteis à facilitação de uma negociação.

Esse foi o aprendizado obtido num caso em que uma mulher fora escalpelada pelo marido, a qual havia passado pela décima primeira cirurgia de reconstituição. Ao sermos indagados pelo magistrado da Vara de Família a respeito da possibilidade de acordo, a única certeza que pairava era a de que a separação em si seria inevitável. Contudo, o grande problema referia-se à partilha.[6]

---

6. Tenha-se claro que o processo penal pelo crime praticado continua em curso na vara criminal, e que a PMFC cuidou da separação e do acolhimento psicossocial.

E, assim, foi feita a negociação, resultando na separação judicial do casal e na reversão ao uso pela mulher do nome de solteira, com a reserva a ela do direito a alimentos, deixando-se a partilha para futuro acerto.

Devido à gravidade das circunstâncias e à dimensão do sofrimento da mulher, entendi esse como um mau acordo. Entretanto essa senhora, tão sofrida, abraçou-me e muitíssimo feliz disse que para ela "as duas coisas mais importantes acabavam de ocorrer, a efetivação da separação e a retomada de seu nome de solteira, como se sua vida se reiniciasse naquele momento". Simbolicamente uma nova possibilidade de recomeço, e não a melhor solução jurídica. Como se pode apurar, no caso em questão, para senhora o interesse não estava na condenação penal, mas na conclusão dos vínculos com o marido agressor.

Três casos de violência, aparentemente impossíveis de serem mediados

A atitude mediadora deve ocorrer do primeiro atendimento telefônico pela recepcionista ao encerramento do caso pela arquivista.

No trabalho institucional, os mediadores, os grupos de triagem e de pré-mediação (ver os trabalhos específicos) têm função muito importante para a informação, sensibilização, diminuição da ansiedade, criação e utilização de uma rede familiar e social que ampare as partes. Mediante esses instrumentos, elas são preparadas para a mediação propriamente dita, em que haverá os encontros conciliatórios com "o oponente" ou um inevitável processo, só que agora de forma mais pacífica.

Muitas vezes atuando como advogada na PMFC, em feitos em que não mediei as partes, também utilizei o processo e o ato solene da audiência como oportunidade para sensibilizar as partes à mediação.

1 - Nesse diapasão, recentemente a instituição foi procurada por um senhor objetivando contestar uma ação cautelar de busca e apreensão de sua filha, em que eram atribuídos a ele graves atos de

violência contra a esposa, dele separada de fato. Ao ouvir a versão desse senhor, constatei que ele também sofria violência física, tendo vários Boletins de Ocorrência e cicatrizes muito expressivas.

A primeira providência foi realizar uma defesa expondo a realidade dos fatos, ou seja, a violência CONCORRENTE e não exclusivamente por um ou por outro, como o usual em manifestações dessa natureza, requerendo, inclusive, uma audiência conciliatória visando preservar as partes e a criança envolvida, a qual foi imediatamente deferida em razão de que alguns magistrados já conhecem o trabalho de mediação desenvolvido na instituição.

Na oportunidade, mais do que obter um acordo, procurei sensibilizar as partes e o advogado da mulher quanto à importância da interdisciplina e da mediação, o que teve respaldo e auxílio total do magistrado do feito.

Considerando a gravidade da situação posta, mesmo com o acordo judicial parcial à fixação da guarda e às visitas da menor, convidamos o casal e o advogado para virem à nossa instituição, objetivando a continuidade da administração pacífica do conflito e possível mediação quanto à situação familiar como um todo, o que vem se desenvolvendo de maneira muito construtiva, inclusive para os profissionais envolvidos.

Esse caso terá um ritmo um pouco mais lento, pela necessidade do acompanhamento social e psicológico das partes, mas para o qual a saída exclusivamente jurídica seria insuficiente à pacificação e a um desenvolvimento sadio da filha do casal.

2 - Outro caso em que a mediação parecia impossível foi o de uma senhora que saiu "fugida" de seu lar por sofrer sevícias, deixando seus pertences pessoais e o filho para trás. O marido alcoólatra, homem extremamente violento, "vendeu a posse" de sua casa e comprou um carro, onde passou a residir com o filho de cinco anos de idade.

Procurada como advogada, fiquei imaginando, contrariada, uma ação de busca e apreensão do filho e a execução de liminar em um fusca, o que seria praticamente impossível.

Assim, passamos à pesquisa de campo e, com o auxílio de assistentes sociais, obtivemos o número do telefone comunitário da região onde ele residia, ou melhor, onde o referido senhor estacionava o seu carro e, com a ajuda de uma ex-vizinha, fomos aos poucos criando uma rede para propiciar o início da comunicação.

Ao conseguir falar com o marido, aos poucos fui esclarecendo o que é a mediação, visando participar do atendimento. E, vindo à nossa sede, mesmo em salas separadas, começamos a delinear o acordo exclusivamente de separação, partilha, guarda e visitas, eis que o conflito tinha raízes psicológicas profundas, bem como relacionadas ao vício.

Finalmente, o filho foi entregue à guarda materna, com definição de visitas pelo pai, que começou a retirar o menor na casa do tio materno, para assegurar a integridade física e moral da mulher, até que ele se tratasse. Mais um caso que passou de uma medida estritamente jurídica a uma mediação, com características peculiares.

3 - Como um último caso nessa linha, houve a propositura de uma ação de separação de corpos, para resguardar uma senhora e seus cinco filhos, ameaçados pelo marido. Fomos à audiência designada, e qual não foi a surpresa ao constatarmos que o marido era um homem franzino, surdo e extremamente considerado por amigos, parentes e colegas de trabalho ali presentes em grande número.

Teci um contato preliminar antes da audiência com todos os presentes para me inteirar melhor dos fatos, até porque, mesmo com tantos defensores, ele não tinha advogado, e apurei que as ameaças eram efetivas, mas não unilaterais. O marido, por suas dificuldades auditivas, acabava por se sentir excluído da relação familiar, desenvolvendo problemas psicológicos e, com eles, agressividade, revidada com mais agressividade pelos filhos maiores, formando-se um círculo vicioso que chegou às tentativas de homicídio, não só atribuídas ao homem contra os filhos como da prole contra ele.

Ao conversar no corredor com as partes, filhos e testemunhas, introduzi a idéia da mediação e do trabalho da Pró-Mulher, Família e Cidadania, bem como indiquei uma nova possibilidade.

Em audiência foram definidas a separação, a guarda e visitas da prole. Criando uma rede, por intermédio da mediação, do atendimento psicológico e social, chegou-se a um acordo de alimentos e uso do lar familiar (posse derivada de invasão) que, mesmo sem ser reduzido a termo, vem sendo cumprido plenamente há três anos, de forma muito eficaz, com a pacificação da família.

Uma mediação de múltiplas partes e múltiplos recursos externos (os nomes são fictícios)

Atendemos na Pró-Mulher, Família e Cidadania um caso em que um menino, José, de 16 anos de idade, havia engravidado Maria, mãe de sua namorada Sônia, respectivamente com 37 e 15 anos de idade. Considerando que José era relativamente incapaz, teve o acompanhamento de seus pais. Ocorre que Maria era casada com Pedro, que registrara o bebê em seu nome.

Como mediadora não me cabe aqui tecer considerações de natureza moral ou psicológica, até porque não são cabíveis e não estou habilitada para tanto.

O fato é que estávamos diante de um conflito de múltiplas partes. José queria argüir a paternidade do bebê, já registrado por Pedro. Para tanto, seria necessária a realização de um exame de DNA para a constatação dos fatos, a desconstituição e retificação do registro de nascimento da menor, a definição de questões como nome, guarda, visitas e alimentos (pensão). Entretanto, José não tinha capacidade jurídica plena e financeira para fazê-lo sozinho, necessitando da participação de seus pais.

Trabalhamos por etapas: a primeira foi trazer José e Maria para a participação em grupos separados de triagem e pré-mediação,[7] visando mobilizá-los à análise da situação como um todo e ao procedimento de mediação.

---

7. Ver artigos específicos deste livro – Susana Muszkat e Marta Cuaglia Cerruti.

Num segundo momento, em encontro com a participação de José, seus pais e Maria, obteve-se um pré-acordo para a realização de exame de DNA, cujo resultado foi positivo.

Numa terceira etapa, com a presença de José, seus pais e Maria, chegamos às opções quanto a nome, guarda, visitas e alimentos (pensão), que dependeria de ratificação de Pedro, que não se sentia confortável na presença de José.

Numa quarta etapa, presentes Pedro e Maria, agora separados de fato, chegamos à definição de outras opções que, confrontadas às obtidas na terceira etapa, possibilitaram o acordo definitivo.

Feito o termo e colhidas as assinaturas, o encaminhamos ao Fórum para a homologação imprescindível, por cuidar de direito indisponível e impor a retificação de registro público.

Devido à delicadeza da situação, encaminhamos todos os envolvidos ao atendimento psicológico individual em serviços da rede pública, inclusive Sônia e Pedro, que enfrentavam dificuldades em administrar suas perdas.

Conclusão

A mediação é uma releitura do conhecimento de outrora, perdido pela extratificação do presente. E, apesar de no Brasil não estar especificamente legislada, tem abertura em nosso sistema à sua implantação e realização. É mais do que um procedimento, um veículo pontual e eficaz para a administração e resolução pacífica de conflitos, para a redução dos processos judiciais e da violência. Fundada em um conhecimento profundo, que pode ser usado como instrumental poderoso pelos operadores das mais diversas searas, tem uma importância fundamental na mudança ética e cultural, na conscientização, para que as pessoas sejam senhoras de seus destinos, empoderadas e investidas na autogestão e resolução pacífica de seus próprios conflitos, com auto-responsabilização.

O mediador, diferentemente do juiz e do árbitro, não decide e as partes não perdem para que alcancem um acordo. Não importa que esse acordo não seja a melhor saída jurídica, desde que consciente e lícito, basta que seja a opção mais adequada, oriunda e eleita pelos envolvidos. Isto é, *justa*, na acepção da exata necessidade e dos interesses das partes.

Mesmo que não se chegue a uma solução definitiva ou a um acordo, a mediação sempre abre um canal à possibilidade de reformulação e mudança ética e cultural.

Com isso, não quero afastar a importância da atuação jurídica, visto que as pessoas só têm a liberdade de transigir quando devidamente informadas e conscientes de seus direitos, bem como asseguradas pela existência de um sistema jurídico e judicial eficazes. Contudo, pretendo reforçar a idéia de que o ser não tem natureza exclusivamente jurídica, mas múltiplas faces, e não enxergar isso é restringir, segmentar e subestimar demasiadamente o universo humano e o conhecimento.

Os operadores do direito devem buscar o seu exercício pacificador procurando alcançar o que vai além do meramente aparente, fazendo agora do exercício da ação e da defesa equipamentos para a pacificação. E a mediação como conhecimento e instrumental, mesmo na impossibilidade da execução como procedimento, tem se mostrado eficaz para isso.

O trabalho na Pró-Mulher, Família e Cidadania, além de propiciar a atuação em grande quantidade de casos e projetos institucionais ao combate da violência com o método da mediação, trouxe a experiência da interdisciplina e dos grupos reflexivos, instrumentos valiosos ao aprimoramento humano e profissional.

Referências bibliográficas

BONDER, Nilton. *Ídiche Kop: O segredo judaico de resolução de problemas – A utilização da ignorância na resolução de problemas.* 9ª ed. Rio de Janeiro, Imago, 1995.

BRETT, Jeanne M., BARSNESS, Zoe I. e GOLDBERG, Stephen B. "La eficacia de la mediación – Un análisis independiente – Casos gestionador por cuatro importantes provedores de servicio". *Negotiation Journal*, julho 1996.

BUSTELO, Daniel Jorge. *Ensayo: medicación familiar interdisciplinária.* 2ª ed., São Paulo, Alfa-Ômega, 1995.

COOB, S., RIFKIN, J. "Neutrality as a discursive practice: The construction and transformation of narrative in community mediation". SILBEY, S; SARAT A. (Comps.), *Law, politics and society*, Greenwich, CT JAI press, Vol. II, 1991.

COSTA, Gely D. e KATZ, Gildo. *Dinâmica das relações conjugais*. Porto Alegre, Artes Médicas, 1992.

DUFFY, Karen Grover. *La mediación sus contextos de aplicatión una introducción para profesionales e investigadores*, Barcelona. Ed. Paidós, 1996.

FARIA, José Eduardo. *A reforma do ensino jurídico*. Porto Alegre, Fabris, 1987.

FOUCAULT, Michel. *A verdade e as formas jurídicas*. Rio de Janeiro. Ed. Nau-PUC, 1996.

HARRINGTON y MERRY. *Visão transformadora*, referida por Deborah Kolb y Asociados, "Quando hablar da resultado". Perfiles de mediadores. Paidós.

JUNG, C. G. *O eu e o "inconsciente"*. 11ª ed., Petrópolis, Vozes, 1996.

KELSEN, Hans. *O problema da justiça*, São Paulo, Martins Fontes, 1996.

KOLB, Deborah y Asociados. *Cuando hablar da resultado – perfiles de mediadores*. Barcelona, Ed. Paidós, 1996.

MONTORO, André Franco. *Estudos de filosofia do direito*. 2ª ed. São Paulo: Saraiva, 1995.

_________. *Introdução à ciência do direito*. 21ª e 24ª eds. São Paulo, Revista dos Tribunais, 1993 e 1997.

PERE LED – Barcelona, 28 de julio de 2000, "Programas de mediación en Catalunya para la resolución no penal de conflictos juveniles".

RAWLS, John. *Uma teoria da justiça*. São Paulo, Martins Fontes, 1997.

SINGER, Linda. *Resolución de conflictos tecnicas de actuación e los ámbitos empresarial, familiar y legal*. Barcelona, Paidós, Ed. I, 1996.

SIX, Jean-François. *Dinámica de la mediación*. Barcelona, Paidós, 1997.

TAUSK, Juan. *El obscuro del deseo – O de qué estamos discutiendo cuando disputamos acerca de algo. Una perspectiva psicoanalítica*. Texto apresentado na 2ª Conferência Internacional del Foo Mundial de Mediación, em Havana, 1998.

3

Equipe reflexiva interdisciplinar e o atendimento do advogado de Direito de Família

RENATA LEV

Este artigo propõe-se a relatar a experiência de uma advogada que trabalha na área contenciosa de Direito de Família numa instituição que tem, como principal objetivo, conduzir seus usuários a solucionar os seus conflitos por intermédio da Mediação.

O ideal seria que todos os conflitos familiares pudessem se resolver de acordo com esse método – adotado com alto grau de eficácia na Pró-Mulher, Família e Cidadania –, no entanto, a realidade é que por desinformação, preconceito, medo e inúmeras outras razões, o que se vê, na prática, é que a maioria das pessoas ainda resolve seus conflitos familiares mediante acirradas demandas judiciais.

O objetivo aqui é mostrar que, mesmo nos casos em que as partes não conseguiram chegar a uma solução pacífica para os seus conflitos, é possível, ao advogado, incorporar os ideais que norteiam a mediação, o que é incrivelmente facilitado pelo apoio de uma equipe interdisciplinar.

O advogado de família e sua atitude

Mesmo não sendo mediadora, sempre acreditei que o Direito de Família é a área de atuação do Direito que exige do advogado, de forma mais evidente, não só o conhecimento estritamente jurídico, mas também sensibilidade, respeito, bom senso e, acima de tudo, *comprometimento com o ideal de buscar a melhor solução para os envolvidos, direta e indiretamente, na situação de conflito.*

Em geral, a busca por uma solução jurídica para um conflito de ordem familiar é antecedida por um período, maior ou menor, de medo, insegurança, angústia, frustração, incertezas, além de uma enormidade de sentimentos dúbios e receios quanto ao futuro.

É natural, portanto, que o cliente chegue até o advogado fragilizado, inseguro e bastante ansioso. Estabelecida uma relação de confiança, o cliente passa a depositar todas as suas expectativas no profissional contratado, desejando uma solução milagrosa para a situação que vive e que, de alguma forma, tornou-se (ou sente-se) incapaz de gerenciar.

Igualmente natural é que o advogado, ao atender esse cliente, crie de imediato uma enorme identificação com tal estado emocional e deseje ser partícipe, senão protagonista, de um feliz desfecho para o caso.

Dessa forma, é comum que o advogado deixe-se seduzir pelo poder que lhe é concedido – e que vai muito além do "mandato judicial".

O profissional que menospreza essa conjuntura corre o risco de, vaidosamente, deixar-se seduzir pelo papel de salvador da pátria e, "espada em punho", assumir uma posição tão passional e emotiva quanto seu próprio cliente, fazendo do problema dele o seu.

Cria-se, assim, complicada e intrincada relação simbiótica entre cliente e profissional, em que é bastante provável que o advogado assuma posições extremadas que, sem dúvida, irão atrapalhar, mais do que auxiliar, na efetiva solução do conflito.

Muitos advogados têm, ainda hoje, a idéia equivocada de que defender os interesses de um cliente é justamente ser radical e inflexível. A intransigência passa a ser um louvável atributo, aderindo-se ao ideal de não ceder.

Argumenta-se, com veemência, que essa atitude é inerente à advocacia e que ponderação, equilíbrio e sensatez são qualidades reservadas aos juízes. O próprio cliente espera do profissional essa questionável firmeza e impetuosidade.

Acreditando estar fazendo um bom trabalho, *o advogado pode tornar-se um joguete na mão de seu cliente – ainda que de forma inconsciente para ambos*. O pior de tudo é que o advogado passa a contribuir para que se faça do processo o repositório de todas as mágoas, os ressentimentos, as frustrações e até dos mais recônditos desejos de vingança.

Isso sem falar dos casos em que o processo passa ser a própria, e única, ponte de ligação entre as partes. Na impossibilidade de se manter os vínculos afetivos, criam-se os vínculos judiciais que mantêm os envolvidos atrelados, às vezes, por muitos anos mais.

Por incrível que possa parecer, o processo judicial não deixa de ser uma maneira de se relacionar. Por essa razão, muitos dos que litigam nessa esfera, em especial os casais, às vezes, sem saberem, têm grande interesse em prolongar o litígio.

No entanto, paga-se um preço muito alto, pois o que se vê, em geral, como saldo das batalhas judiciais que têm palco nas Varas de Família é precisamente o reforço dos piores sentimentos que ficaram das relações.

A exposição da intimidade, no mínimo, aos juízes, advogados, promotores e às testemunhas; as acusações documentadas, as distorções e, às vezes, até as mentiras, deixam marcas indeléveis nos envolvidos e reflexamente na instituição familiar como um todo.

Qualquer advogado militante nessa área bem sabe do que são capazes homens e mulheres magoados, usando, na maior parte das vezes, os filhos como principal instrumento de agressão e barganha.

Poder-se-ia argumentar que toda essa discussão foge ao restrito campo de atuação do advogado, o que se admite como correto até certo ponto. No entanto, mesmo não sendo capacitado e até treinado para conhecer e identificar os meandros da psique humana, esse é o material de trabalho do advogado de Direito de Família.

Em outras palavras, não há como escapar da subjetividade e conseqüente complexidade existente nas situações de conflitos intrafamiliares.

É nesse contexto que se insere a questão do atendimento interdisciplinar, oportunidade de o advogado buscar referências, parâmetros e orientações que escapam ao seu campo de conhecimento e à letra fria da lei.

O atendimento jurídico e o apoio da equipe reflexiva interdisciplinar

Admitindo-se como verdade que quem atua em direito de Família, além de tratar com fatos concretos, é obrigado a lidar com uma enorme carga de subjetividade, para a qual está despreparado, nada mais razoável do que obter apoio de profissionais qualificados para isso.

Os simples relatos das partes em uma consulta são completamente permeados de sentimentos, impressões, análises pessoais que estão, muitas vezes, dissociados da realidade ou que contêm apenas uma fração dela.

Assim, a participação de assistentes sociais e psicólogos torna-se um grande facilitador do trabalho do advogado.

Em geral, quando não tem o apoio de uma equipe interdisciplinar, o advogado simplesmente "compra" a versão do seu cliente e a defende em juízo. De certa forma, é o que lhe é possível fazer.

É curioso observar, nesses casos, como o desenrolar do processo pode ser revelador e surpreendente. Quando o advogado conta com uma estrutura de apoio, não está livre de surpresas, mas, certamente, consegue uma quantidade de informações bem mais significativa, além de obter um relativo distanciamento emocional, necessário a uma condução correta de seu trabalho.

No Serviço de Assistência Judiciária prestado na Pró-Mulher, Família e Cidadania, os usuários, salvo os casos emergenciais, chegam ao atendimento jurídico somente depois de terem passado pela avaliação de um assistente social, dos grupos de pré-mediação e da tentativa de resolver o conflito pela mediação.

Importa observar que a maioria dos casos que chegam ao Atendimento Jurídico resulta de a parte contrária, apesar de haver sido convidada, não ter comparecido à Instituição para a tentativa de mediação – possivelmente amedrontada ante a idéia incorreta de que estará diante do advogado do seu adversário, e não propriamente de um mediador.

Mas o fato é que, quando são atendidos pelos advogados, os usuários já receberam as informações básicas, bem como encontraram apoio nos Grupos de Pré-Mediação, o que faz com que se sintam, de modo geral, mais fortalecidos e amparados, propiciando um processo de maturação que permite que identifiquem melhor seus desejos, suas necessidades e motivações, além de, comumente, experienciarem um aumento de auto-estima. Chegam, portanto, ao atendimento jurídico menos ansiosos, menos fragilizados e mais conscientes.

Do ponto de vista prático, os atendimentos anteriores geram um relatório contendo dados pessoais e socioeconômicos do usuário, o motivo de busca da Instituição e qual a pretensão jurídica.

Em alguns casos, chegam a ser identificados distúrbios de personalidade, patologias ou especificidades que merecem ser apontadas antes do atendimento jurídico. Esse suporte garante uma atuação mais eficaz e mais bem direcionada do advogado.

Apesar de o atendimento jurídico ocorrer na seqüência dos atendimentos com os outros profissionais, o contato e a interação entre todos são garantidos mediante reuniões semanais, que estimulam a "conversa" interdisciplinar entre os advogados, psicólogos e assistentes sociais da equipe.

Essas reuniões formam a equipe reflexiva interdisciplinar e têm o objetivo de discutir e decidir em conjunto, e com perspectivas variadas, as melhores diretrizes na condução de casos isolados, bem como da própria estrutura da Instituição, quanto à adoção de métodos e filosofias unificadas de atendimento, enfoques e atitudes.

O objetivo é a formação de uma rede permanente de suporte que sirva tanto aos usuários como aos profissionais, auxiliando no desenvolvimento dos trabalhos.

É natural que o advogado fique confuso quanto à maneira de conduzir uma questão e necessite de respaldo de outros profissionais, se considerado, como já mencionado, que é obrigado a lidar, todo o tempo, com os aspectos emocionais e afetivos dos conflitos, além dos estritamente jurídicos.

Sua posição, bem como a do usuário a quem atende, pode, assim, ser a todo tempo revista e repensada, numa dinâmica que esteja em compasso com o próprio desenrolar do processo e dos diferentes momentos emocionais dos envolvidos.

Posso relatar que antes de atuar na PMFC participei de outro serviço de Assistência Judiciária e afirmo que o atendimento interdisciplinar representa um grande avanço na concepção de atendimento jurídico.

Mesmo lidando com pessoas de baixa renda e, no mais das vezes, baixa escolaridade, notam-se na fala dos usuários da Instituição observações surpreendentes quanto à identificação de suas necessidades, seus objetivos e suas responsabilidades na estrutura familiar, após terem recebido o atendimento integral que a casa lhes oferece.

Assim, não é raro observar na Instituição ações judiciais que, em algum momento, convertem-se em mediação ou, ainda, que as partes façam um acordo em alguma demanda e aceitem, em seguida, submeter-se à mediação para resolver outros conflitos.

Esse resultado é o oposto do que se vê nas situações de conflitos mal gerenciados, em que uma ação judicial dá margem a inúmeras outras (Alimentos, Revisional de Alimentos, Execução de Alimentos, Regulamentação de Visitas etc.).

Tal experiência leva a pensar como é curioso o fato de os advogados e profissionais do Direito como um todo valorizarem tanto os debates a respeito de Direito Processual, ou apegarem-se exageradamente à elaboração de conceitos de Direito Material, deixando em segundo plano o próprio objeto dessas discussões: *o sujeito desses direitos.*

Atendimento jurídico integral e equipe interdisciplinar

A questão do atendimento interdisciplinar se torna ainda mais relevante quando as questões familiares envolvem pessoas de baixa renda ou que são vítimas de violência, hipóteses em que a busca por uma solução estritamente jurídica, sem dúvida alguma, seria insatisfatória.

A meu ver, há na Constituição Federal respaldo para a adoção de um atendimento mais abrangente à enorme parcela da população que vive em verdadeiro estado de exclusão social para que, ao menos, o seu acesso ao Judiciário seja efetivo.

Inicialmente devemos nos lembrar do princípio constitucional da igualdade que impõe tratamento desigual aos desiguais, reconhecendo que a igualdade ideal importa em reconhecer as desigualdades reais.

É evidente que as desigualdades sociais e econômicas se refletem no acesso à Justiça, direito também constitucionalmente garantido (art. 5º, inciso XXXV da Constituição Federal) e que determina a inafastabilidade do controle jurisdicional, mediante acesso aos órgãos judiciários. Corolário desse princípio está consagrado no inciso LXXIV do artigo 5º da Constituição Federal, que prevê que o Estado preste *assistência jurídica integral* e gratuita aos que apresentem insuficiência de recursos.

Qual será o sentido real dessas normas, analisadas sob uma perspectiva sistemática?

Ter acesso ao Judiciário é apenas garantir que uma pessoa seja assistida por um advogado e tenha direito a uma sentença, ou é garantir que uma pessoa seja amparada em sentido mais amplo, para que tenha condições reais (e até emocionais) de levar adiante uma ação judicial?

Quero crer que nossas leis mais recentes caminham nessa direção, que o alcance do Direito de Acesso ao Judiciário e do Direito a uma Assistência Jurídica Integral tem alcance bem maior do que se imagina.

Utilizemos, como exemplos, o Código de Defesa do Consumidor e o Estatuto da Criança e do Adolescente.

No primeiro, reconhece-se, *a priori*, que o consumidor é hipossuficiente, desenvolvendo-se uma série de normas que levam em conta essa situação de desequilíbrio.

O Estatuto da Criança e do Adolescente, por seu turno, com o intuito de proteger o menor, além de se reportar ao Direito à Assistência Judiciária em mais de um dispositivo (art. 206, § único, art. 11, inciso 4), chega a consagrar em seu artigo 150 a obrigatoriedade do Poder Judiciário de "prever recursos para a manutenção de equipe interprofissional, destinada a assessorar a Justiça da Infância e da Juventude".

Tais avanços têm outros reflexos na questão do direito estritamente processual, na medida em que a lei reconhece que, até para estar em litígio, é preciso proporcionar um mínimo de equilíbrio entre as partes.

Nessa perspectiva, o atendimento multidisciplinar vincula-se, em última análise, ao conceito processual que trata da "capacidade para ser parte", como pressuposto de constituição e desenvolvimento válido do processo.

Dessa forma, é crível que o reconhecimento da importância do atendimento interdisciplinar, para profissionais e usuários, seja visto, em breve, como resultado da evolução do alcance das normas que visam resguardar o acesso à Justiça e até mesmo como condição de procedibilidade em casos específicos.

Conclusão

Pode-se concluir, em síntese, que o atendimento com enfoque interdisciplinar permite que o advogado conheça e compreenda, melhor e mais profundamente, as questões subjetivas daqueles a quem atende, fazendo com que, por via reflexa, adote uma atitude profissional diferenciada.

Ao mesmo tempo, esse tipo de atendimento serve aos ideais de efetivo acesso ao Judiciário, ao dar ao indivíduo o mínimo de condições para ser parte numa demanda judicial, permitindo-lhe passar por um processo de identificação de suas motivações, necessidades e objetivos.

Por fim, essa filosofia de atendimento permite a todos, usuários e profissionais envolvidos, ter em mente que a ação judicial não é um fim em si mesma, mas é, antes e acima de tudo, parte de um processo cujo objetivo é solucionar conflitos de forma duradoura.

Referências bibliográficas

ARAÚJO CINTRA, Antônio Carlos; GRINOVER, Ada Pellegrini; DINAMARCO, Cândido Rangel. *Teoria geral do processo.* 8ª ed., São Paulo, Revista dos Tribunais, 1991.

CURY, Munir Silva; AMARAL, Antônio Fernado; MENDEZ, Emílio Garça (coords.). *Estatuto da Criança e do Adolescente Comentado.* São Paulo, Malheiros Editores, 1992.

Parte II

Abordagens Psicossociais

4

Mediação social: uma experiência de trabalho em comunidade de baixa renda

ROSANE MANTILLA DE SOUZA

A mediação atrai cada vez mais o interesse dos profissionais que buscam novas e efetivas intervenções nas questões sociais prementes da atualidade. Por favorecer o desenvolvimento da autonomia, valorizar o diálogo e a cooperação, aponta para a possibilidade de geração de condições de convivência positiva, empreitada premente no mundo atual, no qual a intolerância em relação às diferenças de gênero, cultura, etnia, condição econômica e religião vem redundando numa (aparente) incontrolável escalada da violência, tanto no âmbito público quanto no privado.

Mas, para tratar da mediação social e seu uso em uma comunidade de baixa renda, como antecipa o título, e cuja descrição me encarregarei na segunda seção deste trabalho, é necessário, de início, descrever minimamente como esse âmbito de intervenção se constitui, de modo que se evidencie seu papel no enfrentamento das violências, a promessa implícita da mediação comunitária.

Mediação social ou comunitária?

A mediação se define como um *método* de condução de conflitos e disputas que faz uso de uma terceira parte (treinada). "Método" se refere ao caminho pelo qual se chega a um resultado, o modo de proceder, ou seja, delimita o formal ou processual: como fazer, independentemente, ou com ajustes mínimos, a quem. Como método, pode ser usada em qualquer tipo de conflito, guardadas as condições mínimas de voluntariedade, capacidade de compreensão e equilíbrio de poder entre as partes envolvidas. Mediam-se empresas em disputas, casais, vizinhos, professor e aluno, patrão e empregado, fazendo uso de estratégias semelhantes, segundo um procedimento mais ou menos padrão.

Então, ao que se está referindo quando se pensa e faz mediação social? Ao uso do método nas questões sociais, ou mais especificamente a comunidades circunscritas? O que está em questão é a adaptação do método a um objeto ou local específico?

Não considero serem as questões de método a gerar as fronteiras que delimitam as ações da mediação social. *O que* se faz é o mesmo: ouvem-se as partes em separado e em conjunto, ajuda-se a compreender o ponto de vista do outro etc.; o *como* se faz não se altera, isto é, as táticas e técnicas subsumidas ao método não são diversas: usam-se técnicas de escuta ativa, mensagens usando o pronome eu, questões circulares e outras; nem mesmo o *por que* se faz se diferencia: busca-se, com maior ou menor ênfase, chegar a acordos mutuamente vantajosos entre os disputantes. É o *para que* se faz e as reflexões acerca das implicações desse fazer que necessitam ser aclarados.

A mediação é concebida como um saber e prática multidisciplinares. Ou seja, as teorias que convergem para sua organização como método de intervenção nos conflitos provêm de domínios científico-técnicos diversos: teoria da comunicação, teoria dos conflitos e sua escalada, teoria da negociação, teoria dos jogos. Pode-se realizar um treinamento em mediação por intermédio de formações profissionais como Direito, Psicologia, Serviço Social, Administração, ou outras, mas, também, se pode chegar a ela como leigo, por exemplo, na mediação de pares, nas escolas, quando o mediador é uma criança ou um adolescente treinado, ou em trabalhos de bairro, com pessoas sem educação formal específica. Com maior ou menor domínio, ou nem sequer conhecimento dessas teorias, o mediador é treinado no uso de um método. Mas será só isso?

As questões de método e da adequação método-objeto foram contundentes ao longo do desenvolvimento da ciência ocidental e os saberes subjacentes ao fazer do mediador estão submetidos aos paradigmas vigentes. Por muito tempo a ciência se propôs a uma descrição e explicação do mundo independentemente do observador, segundo uma concepção de si mesma como um procedimento objetivo e cumulativo, no qual o método, a maneira de condução correta para obter-se um resultado confiável era central, e a meta da ciência era criar um conjunto de teorias (ou narrativa) único e verdadeiro acerca da realidade. Questões ideológicas e éticas não tinham sentido para a ciência nem para as técnicas dela derivadas, pensadas como neutras, por se referirem a um mundo objetivo, tal qual ele é.

A bomba que dizimou Hiroshima e Nagasaki ou os terrores dos experimentos humanos durante o nazismo, para se ater ao passado, são exemplos breves e veementes que determinaram a necessidade de se considerar e analisar os comprometimentos ideológicos da ciência e exigir o posicionamento ético do cientista.

A crise paradigmática da ciência durante o século XX e sob a qual vive-se hoje se refere, então, não apenas às questões de método, mas também aos pressupostos que a orientam, ou seja, suas metas: para quê.

Considere por exemplo o conceito de neutralidade, orientador do comportamento do mediador. A exigência de uma conduta neutra traz consigo exatamente um ideal de ciência objetiva e de cientista (ou técnico), cuja subjetividade não atue ou interfira na constituição de seu saber e sua práxis. A expectativa da neutralidade tem como seu correlato pensar os conflitos tal qual objetivos. Mas a definição de conflito que se aprende nos primeiros momentos de uma formação o delimita como o que acontece quando uma ou mais pessoas tem um desacordo sobre alguma coisa: pode tomar a forma de uma diferença de interesses, opiniões, sentimentos, necessidades, crenças ou desejos, e é evidente por essa definição que os conflitos são subjetivos mais do que objetivos. É a subjetividade das partes que o conduz, e o mediador, mesmo o mais treinado, não será jamais capaz de não ter sentimentos, não pensar, não valorar, o que não quer dizer tomar partido.

Quando a mediação, ou mais particularmente o modelo de negociação assistida por um terceiro, foi gerada, uma noção de neutralidade-objetividade tinha sentido, pois fazia parte de uma concepção de mundo e, por decorrência, de ciência, que assumia o mito da objetividade e do saber neutro.

A evolução da mediação é, então, conduzida pela própria evolução epistemológica das últimas décadas do século XX, que impôs a necessidade de compreender não só as questões de validade do conhecimento, mas de entender seus compromissos com modelos mais amplos de pensamento, estes mesmos históricos e ideológicos.

Hoje não se pensa na conduta do mediador como um terceiro neutro, mas como alguém que busca uma posição de eqüidistância de ambas as partes, que favorece uma distribuição eqüitativa de poder entre elas. Seu treinamento não significa proporcionar-lhe uma forma pragmática de deixar de lado sua subjetividade, mas sim conclama a compreendê-la, trazê-la a escrutínio detalhado, de modo que se compreenda e dê espaço à diversidade das subjetividades alheias.

É esse enriquecimento do pensar a mediação e de que modo conduzi-la como prática e treinamento para prática que produz as condições mínimas para circunscrever "para que" ela se dirige: não só a acordos, mas à geração de mundos possíveis em que o confronto decorrente das diferenças – origem dos conflitos – possa ser conduzido sem gerar desigualdade, ou seja, sustentar privilégios. É nesse sentido que a mediação social e a mediação comunitária se fazem presentes e ora se confundem, ora se especificam.

Não se encontra com facilidade uma definição de mediação social, mas são freqüentes suas referências em países europeus. Uma rápida consulta à internet usando como termo de busca "mediação social" (em português, espanhol, francês, italiano) conduz a várias instituições universitárias ou não, oferecendo cursos de formação e mesmo mestrados ou doutorados na área. Tomando como exemplo alguns cursos na Espanha, observa-se que a Universidade Autónoma de Madrid,[1] bem como a de Alicante,[2] oferecem curso de especialização em mediação social intercultural. Segundo a primeira, seu curso visa desenvolver ações em prol da convivência intercultural e contra o racismo e a xenofobia; quanto à segunda, pretende facilitar o uso da mediação no âmbito social do mundo do trabalho, jurídico, educativo e outros. A Universidade de Murcia,[3] que oferece um mestrado em Mediação Familiar e social, identifica essa última como social/comunitária, englobando ações em conflitos públicos e de meio ambiente, atuações reparadoras em âmbito penal e em área escolar. A mesma descrição poderá ser encontrada em um número extenso de outras instituições espanholas, portuguesas, francesas, belgas ou italianas, mas estas são suficientes para atentar para o fato de que não é o local ou a população – bairro, escola ou corte de justiça – que orienta a organização desses cursos, e sim a perspectiva de estender o campo e o uso da mediação para além da busca de acordos mutuamente satisfatórios entre disputantes, dirigindo-se à prevenção de conflitos, à promoção da saúde do tecido social e à convivência positiva, pressupondo o mundo como multicultural e multifacetado.

O termo mediação social não serve para uma busca em língua inglesa, mas usando-se "mediação comunitária" o número de referências é imenso, proveniente sobretudo de trabalhos norte-americanos, britânicos, canadenses e australianos.

Segundo Bradley e Smith (2000), a mediação comunitária norte-americana emergiu de dois padrões diferentes, em geral paralelos e filosoficamente divergentes: um proveniente do ativismo político e social dos anos 1960, e o outro dos esforços para reformar o sistema judiciário, produzidos tanto de dentro quanto de fora das esferas governamentais.

---

1. www.imsersomigracion.upco.es
2. www.cam.es
3. www.um.es

Bush e Folger (1996) argumentam que as primeiras tentativas no campo da mediação comunitária pressupunham que esta pudesse produzir um impacto positivo nas condições de vida dos centros urbanos, reduzindo o nível de conflitos interpessoais e entre grupos, não só porque a mediação permite o desenvolvimento do protagonismo (*empowerment*), ou seja, "fortalecer a capacidade de as pessoas analisarem situações e tomarem decisões efetivas por si mesmas", mas também porque pode "humanizar as pessoas em relação às outras, ajudá-las a transcenderem seus pressupostos e perceberem uns aos outros como pessoas reais, com preocupações e necessidades; mesmo em face de um desacordo (a mediação) – pode evocar reconhecimento" (p. 264).

Nesse sentido, os centros de mediação comunitária foram criados como meios de favorecer não só o protagonismo individual, mas também permitir "às comunidades retomarem o controle de suas vidas de uma instituição governamental (cortes de justiça) que era percebida não só como ineficiente, mas também como opressiva e injusta" (Bradley e Smith, 2000, p. 317).

Desde esses primórdios no início dos anos 1970, a atuação em mediação comunitária se refere à criação de centros "autônomos", cujo crescimento em número tem sido constante. A National Association for Community Mediation (NAFCM),[4] instituição norte-americana, contabilizava 550 centros de mediação comunitária ativos em seu país em 2001.

Segundo a avaliação produzida pelo Virginian Association for Community Conflict Resolution (2001), os centros de mediação comunitária consistem na coluna vertebral de todos os tipos de serviços de mediação em seu país, funcionando ao mesmo tempo como o principal local de treinamento de mediadores, como os núcleos geradores dos novos programas e alternativas de intervenção em resolução de conflitos, e também como os maiores responsáveis pelo oferecimento de serviços de mediação às classes menos favorecidas. Ainda segundo essa avaliação, os centros e programas de

4. www.nafcm.org

mediação comunitária servem indivíduos, famílias e comunidades, abrangendo: disputas de vizinhança; de comunidade; segurança pública e disputas de uso de terra; disputas familiares e de guarda; mediação escolar; mediação agressor–vítima; conflitos pais–filhos; conflitos educacionais (suspensão e mediação de gangue). Os centros também desenvolveram ampla gama de programas inovadores que abrangem relações raciais, Aids, segurança pública, prisões, greves, trabalhadores imigrantes, agricultura, poluição ambiental, posseiros, ambiente de trabalho, disputas religiosas, policiamento comunitário e disputas de corporações e grande número de programas de educação para solução de conflitos.

Portanto, o que se depreende é que as ações e os programas desenvolvidos nos centros de mediação norte-americanos (o mesmo vale para os outros países de língua anglo-saxônia, embora com menos diversidade) enfatizam a autodeterminação dos indivíduos e a autonomia comunitária, bem como a democratização da justiça. Suas ações não só expandiram o campo da mediação a um grande número de contexto, como também assumiram a possibilidade de gerar meios de evitar disputas, atuando no aprimoramento das relações sociais e das condições de vida.

Usando termos diferentes – mediação social ou comunitária –, essas ações congregam objetivos comuns (o para quê), ou seja, fazer uso da mediação nos mais variados contextos dos conflitos resultantes da vida em comunidade-sociedade, além de expandirem seus conhecimentos para atuações orientadas para o desenvolvimento da cidadania, da democratização e o enfrentamento das condições de exclusão social, distribuição desigual de poder e desrespeito aos direitos humanos: fontes que alimentam as violências.

Fundadas numa compreensão do mundo e dos relacionamentos interpessoais que endossam o não-reducionismo, a compreensão e a busca de soluções complexas para as situações complexas, e considerando os conflitos como condição de nossa diferenciação e não como intermediários de uma estrutura de privilégios, essas propostas visam não só à condução de disputas, mas apontam para a possibilidade de construção da (con)vivência, gerando um campo em construção de trabalhos de educação para o desenvolvimento da paz; compartilham os objetivos comuns de tornar disponíveis a todas as crianças, jovens e seus educadores as oportunidades para: aprender estratégias que favoreçam a construção de comunidades que façam uso de alternativas não violentas para solução de conflitos e problemas, desenvolver relações intergrupais positivas, respeitar e celebrar a diversidade, preparando os indivíduos para as responsabilidades da cidadania (Crawford e Bodine, 1996).

A intervenção comunitária

No início de 1999 a organização não-governamental paulista Pró-Mulher, Família e Cidadania convidou-me para coordenar suas atuações concernentes a um projeto multiinstitucional, financiado pela Secretaria de Assistência e Desenvolvimento Social do governo do estado de São Paulo, que pretendia implantar um serviço de apoio e atenção a famílias de baixa renda habitantes de uma favela do município.

O projeto geral considerava que as fontes que alimentam a violência e as desigualdades estão tanto nos domínios públicos quanto na própria vida privada. Sendo no âmbito da família e na comunidade mais próxima que se estrutura o mundo simbólico do sujeito, e que se estabelecem os padrões psicossociais de comportamento, compreendia ser imprescindível que seus membros tivessem acesso às informações e condições de reflexão sobre os dinamismos tradicionais que mantêm e reproduzem os códigos que fundamentam a sociedade.

Em relação às crianças e aos adolescentes separados da família por abrigamento, ou em situação de rua – expostos a consumo e tráfico de drogas, delinqüência, exploração, abuso físico e sexual, e outros fenômenos dessa ordem –, ponderava-se que intervenções tradicionais são tarefas indispensáveis, porém insuficientes no tratamento preventivo dos distúrbios sociais ou na transformação dos problemas decorrentes de padrões naturalizados pela cultura, sendo o próprio arcabouço jurídico/legal insuficiente para garantir mudanças de comportamento, quando estes se mantêm pela força dos costumes, sendo as abordagens normativas e parciais de pouca utilidade para atingir todas as facetas do problema (ver Muszkat, Introdução).

A iniciativa conjunta organizava-se em torno de ações de aprimoramento da qualidade do tecido social, propondo-se a dar condições e apoio para que a família e a rede social próxima pudessem enfrentar positivamente os conflitos e as situações de tensão agravada, de modo que permanecessem desempenhando sua função de cuidar de seus diferentes membros, dando-lhes proteção, apoio, condição de desenvolvimento e diferenciação.

Tratava-se de realizar um projeto-piloto em que cada instituição contribuiria[5] com sua prática já reconhecida, realizando-se um esforço comum de integrar suas ações especializadas no enfrentamento das violências e seus processos de fundo, de modo que gerasse um modelo de ação que pudesse ser generalizado para outras comunidades de baixa renda.

O local escolhido para atuação localizava-se na periferia da zona oeste do município de São Paulo. Trata-se de uma comunidade constituída de cerca de 2.500 famílias e um total aproximado de 24 mil pessoas, muitas das quais habitam numa favela; apresentava baixo índice de qualidade de vida, um córrego com esgoto a céu aberto e muitos barracos em palafita; aproximadamente metade dos moradores tinha renda familiar inferior a 150 reais mensais, o que não se trata de uma realidade incomum em determinadas periferias urbanas do país, agravadas pela degeneração econômica, aumento do desemprego, criminalidade e tráfico de drogas.

---

5. Além da Pró-Mulher, Família e Cidadania, os parceiros foram o Núcleo de Referência às Vítimas de Violência, da Clínica Psicológica do Instituto Sedes Sapientiae, o Projeto Quixote, do Centro de Estudos do Departamento de Psiquiatria da Unifesp e a Vara da Infância e da Juventude do Fórum de Pinheiros, São Paulo.

A escolha dessa comunidade deveu-se sobretudo à constatação de apresentar alto índice de demandas na Vara da Infância e da Juventude, na qual tramitavam muitos procedimentos verificatórios em relação a crianças e adolescentes, envolvendo os mais variados conflitos e abusos, além de grande número de abrigamentos, os quais, em sua maior parte, tinham como motivo a precariedade de condições socioeconômicas e a disfuncionalidade familiar.

A Pró-Mulher, Família e Cidadania, que pode ser entendida como um centro de mediação comunitária, como descrevi anteriormente, já tinha uma atuação reconhecida havia anos, no uso da mediação em questões conjugais, particularmente em violência conjugal, e já desenvolvera outros projetos de intervenção social em populações desfavorecidas. Assim, o convite para minha coordenação dizia respeito à criação e ao desenvolvimento de um programa de cunho mais preventivo ou educacional, que já vinha organizando desde meu treinamento em mediação comunitária e educacional no New México Center for Dispute Resolution.

O projeto-piloto se estendeu por um período de dez meses e as ações realizadas concentraram-se em dois procedimentos:

- Atendimento familiar – cujos objetivos eram mapear as demandas de intervenção da comunidade, identificando condições de risco de violência, abandono e internação, e mediar demandas divergentes entre membros da família.
- Gerar e desenvolver um programa de educação para solução de conflitos adaptado às demandas daquela comunidade, com vistas ao desenvolvimento da convivência positiva e enfrentamento dos conflitos do cotidiano, identificando, também, condições de risco de violência, abandono e internação, e delimitando as bases de organização de um equipamento da própria comunidade para a busca de soluções não-violentas para as questões divergentes de seus partícipes (mediação no bairro).

Primeiro segmento

Os dois primeiros meses foram dedicados ao planejamento estratégico tanto no sentido de integração com os outros parceiros quanto de treinamento da equipe multidisciplinar da PMFC que já tinha formação em mediação, mas não participara de trabalhos psicoeducativos na área. Foram também realizados contatos com a comunidade mediante visitas a equipamentos, entrevistas com lideranças da Sociedade Amigos de Bairro, Igreja, Direção do Centro da Juventude e Creche que seriam atendidos mais diretamente pelo projeto. Os primeiros contatos referiam-se ao levantamento das demandas de intervenção desses equipamentos e esclarecimentos acerca do processo de mediação e das oficinas de educação para solução de conflitos.

Considerando que todas as atividades se desenrolariam na própria comunidade, foi desenvolvido um sistema de divulgação das oficinas e de agenda para atendimento direto às famílias que seria realizado no Centro de Juventude. Tendo em vista as condições locais, optou-se pelo agendamento realizado pela diretora do equipamento, a qual foi esclarecida do tipo de clientela e das queixas a serem atendidas, procedimento que necessitou ser revisto mais de uma vez durante todo o trabalho. Além disso, iniciou-se a ativação da rede de encaminhamentos.

O atendimento familiar e a Mediação de Conflitos

Os atendimentos foram realizados na própria comunidade por uma equipe que contava com seis mediadores que trabalhavam em dupla, com uma agenda semanal de 16 horários disponíveis, durante um período de nove meses.

Foi possível identificar várias das demandas da comunidade, muitas das quais podem ser consideradas deflagradoras ou condições subjacentes às questões de violência e abrigamento que deram origem ao projeto maior. Mas antes de descrever aspectos relativos ao conteúdo desses atendimentos, é interessante comentar alguns temas formais, relativos ao sistema de ação direta na comunidade e ao procedimento de agendamento.

Embora tivesse havido nos meses iniciais uma divulgação do projeto e dos objetivos da mediação, durante os primeiros dois meses os horários foram subutilizados. Com o decorrer dos meses pôde se identificar uma dinâmica específica da população em termos de presença no atendimento. Dava-se a falta a um, dois ou mesmo três dos horários agendados, antes de um comparecimento efetivo (que depois trazia retornos). Tal circunstância produziu um índice geral de aproveitamento da agenda, inferior ao oferecido de início. Houve dias em que se verificaram 70 a 100% de ausência nos horários disponibilizados (que ocorriam tanto no período da manhã quanto no da tarde, em diferentes dias da semana); em certos dias, por outro lado, a busca espontânea obrigava a atender, em um único horário, duas a três famílias para agendá-las posteriormente.

Não se tratava de ausência de conflitos familiares que necessitassem de atenção. Compreender esses acontecimentos passa por considerar tanto a falta de costume dos membros da comunidade em serem atendidos com hora marcada quanto o imediatismo das queixas. Mas o processo também indica temas mais amplos relativos à constituição da subjetividade em contextos tão precários como o trabalhado, nos quais, a cada dia, tem-se de enfrentar questões de sobrevivência, e onde a perspectiva de perceber a si mesmo e a própria vida como um projeto torna-se comprometida, reduzindo a possibilidade de planejamento, reflexão e crítica e, em última instância, contribuindo para a desconsideração de eventos que em outros contextos menos inóspitos poderiam ser identificados como agressivos.

A procura foi crescendo ao longo do ano. A maior divulgação e presença do projeto como um todo na comunidade, em suas várias entradas, foi conduzindo a uma evidente efetividade não só de aproveitamento dos horários oferecidos como de discriminação das possibilidades da mediação, o que foi facilitado por um pré-atendimento ou triagem, por sistema de plantão.

Mas, na realização de trabalhos dessa natureza, não se deve desconsiderar a necessidade de disponibilizar tempo para as emergências e demandas espontâneas, as quais são freqüentes e muitas delas relativas ao pauperismo da população, situação muito além das possibilidades da mediação. Por exemplo, durante a execução do projeto houve uma enchente e incêndio no bairro que, como já foi descrito, era cortado por um córrego cercado de palafitas, trazendo uma inundação local, e os moradores pediram ajuda à equipe, o que não se justificava pelo fato de ainda não haverem compreendido os limites do trabalho oferecido, mas simplesmente porque não tinham mais ninguém a quem recorrer. Tais situações fazem com que qualquer profissional, o mais treinado, sinta-se quase tão desesperado quanto a população. A organização de equipes dessa natureza precisa contar com o fato de que é necessário haver apoio e treinamento que vão além da mediação.

Ao longo dos quatro últimos meses, ultrapassou-se a meta de disponibilidade proposta, o que não significa, no entanto, que todos eles se referiram a demandas de mediação. O encaminhamento realizado pelos parceiros, particularmente quando se iniciou um plantão aos sábados, do tipo "ouvidor geral", favoreceu o aumento da demanda, mas, mesmo assim, as pessoas procuravam diretamente o atendimento, sem agendamento, ou porque já o conheciam por intermédio de vizinhos que haviam realizado as oficinas, ou porque identificavam o plantão com determinados grupos de poder da favela, aos quais não pertenciam, e cujos conflitos de poder e território foram se tornando cada vez mais claros durante a permanência na comunidade.

Ao longo dos oito meses foram realizados cerca de 400 atendimentos com base nos quais foi organizada uma categorização simples e freqüência porcentual de motivos de procura, que podem ser observadas no gráfico a seguir.

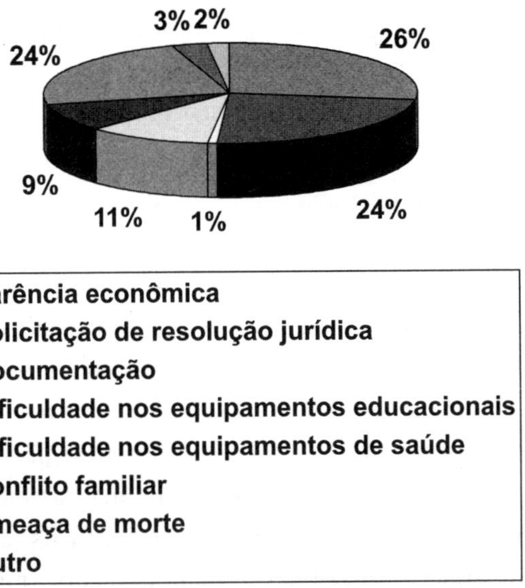

Em termos gerais, o atendimento familiar pôde funcionar como um procedimento efetivo de aprimoramento da qualidade de vida da população; todavia, observando-se os vários itens contidos no gráfico, verifica-se que muitas das demandas não se referem a conflitos familiares.

Categorias com baixa freqüência – solicitação de documentação (1%) e outros (2%) –, bem como as duas maiores categorias – carência econômica (28%) e solicitação de resolução jurídica (24%) – não se referiam às possibilidades oferecidas. *Solicitação de documentos*, bem como a *solicitação de resolução jurídica* (separação, reconhecimento de paternidade, questões previdenciárias, pensão alimentícia, direitos trabalhistas, questões de vara de família e infância e juventude), a despeito de sua alta taxa, exigiam encaminhamento externo, o que foi cada vez mais sendo feito na triagem, mas que permaneceu ocorrendo devido às condições econômicas dos moradores que lhes dificultavam deslocamento, e da fragilidade das redes de serviços dessa natureza.

O item mais freqüente, *carência econômica* (28%), se refere a questões sociais diretamente associadas à baixa renda, ao desemprego e subemprego, o que confirma o dado óbvio da precariedade de condições de vida da população da região e reforça a importância dos programas de geração de renda para a comunidade. Mas essa categoria também aponta em outras direções, ao se considerarem as crenças expressas por várias mães, de que o abrigamento é um meio de cuidar da criança – porque lhes propicia condições materiais de sobrevivência e/ou as controla/educa, quando elas fracassam em fazê-lo. Nessas crenças, associadas à carência econômica, mas generalizada entre *as mães, identificam-se pontos básicos para ação no sentido de recuperação da auto-estima e da capacidade de educar, bem como da produção de trabalhos diretos dar condições a elas de se comportarem e se sentirem educadoras mais efetivas, processo que conduz à relevância da proposta de oficinas de educação para solução de conflitos.*

Os demais itens – *conflito familiar* (22%), *dificuldades com os equipamentos educacionais* (11%), *dificuldades com os equipamentos de saúde* (9%) e *ameaças de morte* (3%) – são aqueles em que o atendimento em mediação torna-se mais necessário quer na própria comunidade, quer no encaminhamento para a rede e no acompanhamento desses casos.

Analisando mais detalhadamente os casos de conflitos familiares atendidos (N = 95), foram identificadas três categorias de eventos: *violência doméstica* (29%), *conflito conjugal* (38%) e *dificuldades na educação/disciplina de filhos* (29%), como pode ser observado no gráfico a seguir.

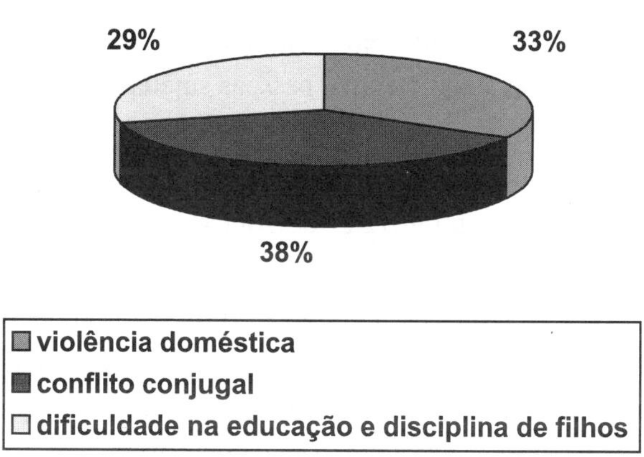

Muitas das vezes essas situações exigiam uma abordagem de múltiplos atendimentos – Mediação de Conflitos, atendimento e orientação psicológica, encaminhamento psicológico ou psiquiátrico –, mas também ressaltavam o papel do trabalho preventivo que aprimorasse, suportasse e facilitasse o enfrentamento dos conflitos do cotidiano.

As mediações de conflitos familiares demonstraram como as questões conjugais sofrem o impacto da naturalização das hierarquias de gênero e as dificuldades parentais para encontrar saídas não violentas no relacionamento com os filhos. Os discursos técnicos relativos à não-aplicação de castigos físicos com as crianças são repetidos, juntamente com a queixa da impotência que estes produzem à medida que não instrumentalizam os pais em relação a novas práticas e atitudes. Pôde-se identificar temas específicos de trabalho como: acompanhamento de lição de casa, busca de profissionalização, estabelecimento de horários e outros limites, que foram trazidos como grandes dificuldades dos pais e geradores potenciais da escalada dos conflitos em violência.

No que se refere à prática da mediação nesses casos específicos, não é diversa daquela praticada em conflitos familiares em outros contextos menos precários e não ofereceu grandes dificuldades aos mediadores. No entanto, é necessário lembrar que se tratava de equipe bastante experiente, não apenas em mediação e Mediação Familiar, mas também no atendimento a pessoas sujeitas à exclusão social e à precariedade de condições de vida, as quais exigem muito incentivo, paciência e disponibilidade do mediador, para vencer a tendência arraigada de naturalização de soluções baseadas em hierarquia de privilégios nas relações de gênero, pais e filhos, pais e diretor da escola, e outras, e mesmo na busca do mediador como uma autoridade que dará conselhos e indicará as soluções. É particularmente complexo construir um vínculo de confiança quando não se complementa expectativa de receber uma solução pronta.

As oficinas de educação para solução de conflitos

O Comumnity Board Program (CBP)[6] foi o primeiro centro de mediação a reconhecer o valor de, nas escolas, se ir além do uso da mediação entre pares, estendendo-se para uma abordagem de educação para solução de conflitos em todo o equipamento educacional (alunos, professores, corpo administrativo) e para a comunidade de pais (Crawford e Bodine, 1996). Nessa perspectiva, o que era mediação do conflito instalado deu lugar a trabalhos preventivos psicoeducativos de promoção de saúde, ou seja, os Programas e Currículos de Educação em Solução de Conflitos.

A educação para solução de conflitos tem como finalidade *desenvolver a competência social.* Busca-se oferecer aos indivíduos as condições de desenvolvimento ou aprimoramento das habilidades subjacentes às estratégias de solução colaborativa de disputas, podendo ser incorporada, nas escolas, às disciplinas regulares, tomar a forma de uma disciplina específica, fazer parte de atividades e projetos maiores de promoção de saúde, ou oficinas de treinamento inicial de mediadores leigos, trabalho com pais, casais etc. Trabalhando com as habilidades de comunicação, compreensão do outro, identificação de emoções, convivência com a diferença e técnicas específicas de solução de problemas, podem, segundo as avaliações realizadas dos programas vigentes, gerar relacionamentos em que a expressão das opiniões, bem como a busca de soluções para as questões, fundam-se na coexistência de necessidades diversas como um ingrediente essencial de um ambiente de convivência bem-sucedido (Jones e Kmitta, 2000).

Na proposta de oficinas do projeto em pauta, tendo como base teórica e epistemológica uma perspectiva ecológica e construcionista social, orientei-me em sua organização pela necessidade de desenvolver a atividade reflexiva, desconstruir significados e seu

---

6. "The Community Board Program Since 1976", Community Board Program, São Francisco, Califórnia.

caráter muitas vezes restritivo, favorecendo a busca de alternativas, os ganhos de flexibilidade e, em última instância, desenvolvendo o protagonismo.

Considerar que os conflitos são co-construídos implica que as atuações educativas não se referem ao ensino de técnicas melhores para resolver questões, mas, sim, criar condições que permitam a compreensão dos processos de construção dos significados de culturas, subculturas e grupos específicos, bem como identificar fontes de tensão e estresse que intermedeiam essa construção, de modo que se desenvolvam soluções autônomas e locais, ao mesmo tempo que eticamente orientadas.

Ter acesso e considerar a ecologia local, ou seja, a construção dos significados contextualizados, para os quais os atendimentos familiares descritos anteriormente foram fonte profícua de informações, é dar valor ao conhecimento leigo, fazendo com que o discurso técnico, ele próprio, não atue como um agente abusivo. É necessário respeitar os valores locais e sua adaptabilidade e, para tanto, há de se desenvolver uma aprendizagem-ação, pois é na ação que se constroem e mantêm as interações, oferecendo-se oportunidades de reflexão e construção de alternativas. Trabalhar com, e produzir, novas metáforas comunicacionais que favoreçam a multiplicidade de pontos de vista.

Procurei adaptar, então, os trabalhos desenvolvidos em outros países às características da população brasileira, orientando-me por uma perspectiva pedagógica consistente com esses pressupostos, tendo me baseado nas propostas de Paulo Freire e organizado oficinas de aprendizagem-ação. Busquei criar um procedimento que pudesse ser útil em diferentes nichos culturais e faixas etárias. O conteúdo foi em parte criado em função e na própria situação. Algumas das atividades desenvolvidas basearam-se em minha experiência como psicoterapeuta infantil e para adolescente e em trabalho comunitário (não publicados) e outras, no treinamento em mediação educacional e comunitária realizada no New Mexico Center for Dispute Resolution.[7]

Antes das oficinas presentes haviam sido realizadas outras, em grupos de jovens universitários e um grupo de crianças, depois avaliadas e modificadas. Esse material foi então base do treinamento da equipe da Pró-Mulher, Família e Cidadania (Souza, 1999) que ajudou a antecipar adaptações a um grupo de indivíduos com baixo nível educacional.

As oficinas de educação em solução de conflitos são trabalhos de grupo – composto por até 25 pessoas, que se desenvolveram durante seis semanas consecutivas e duração total de 18 horas. A ação grupal, por si só, favorece a compreensão circunscrita da experiência de vida e, ao mesmo tempo, o desenvolvimento de vínculos e a busca de soluções ajustadas às condições locais. Fundado numa pedagogia ativa, as atividades realizadas são basicamente vivências, jogos, *role-playing*, expansão e ressignificação dos processos identificados e fornecimento de instrumentos estruturais específicos.

Os objetivos a serem alcançados são capacitar os participantes a: (1) compreenderem o conflito como oportunidade de transformação; (2) identificarem as diferentes necessidades objetivas e afetivas dos indivíduos; (3) aclararem diferentes pontos de vista envolvidos numa situação; (4) conviverem com a diferença; (5) explorarem soluções alternativas.

As habilidades desenvolvidas referiram-se a: (1) compreensão dos conflitos e sua escala; (2) compreensão e diferenciação das vivências interpessoais; (3) identificação e manejo de emoções e sentimentos; (4) aprimoramento da comunicação; e (5) flexibilidade cognitiva e solução de problemas.

Todas as atividades comportaram uma dinâmica semelhante, composta por exercício de aquecimento, revisão do(s) trabalho(s) anterior(es) e sua integração com a atividade do dia, trabalho com o tema em questão, e sua relação com a experiência dos indivíduos,

---

7. Ver, por exemplo, Copeland, N. D. (1995). *Managing conflict: a curriculum for adolescentes*, New México Center for Dispute Resolution.

distribuição de material gráfico sobre a atividade. À guisa de exemplo, segue a dinâmica básica de cada período de trabalho.

Primeiro segmento: Avaliação das crenças, práticas e demandas do grupo no que se refere a conflitos. Apresentação dos objetivos e da estratégia de trabalho, fixação de um contrato; trabalho de conceituação de conflito.

Segundo segmento: Mapeamento de conflitos locais; identificação/dramatização das diferentes maneiras de os indivíduos reagirem a uma situação de conflito e análise das conseqüências, diferenciação conflito-violência.

Terceiro segmento: Identificação de emoções, particularmente da raiva, quando num conflito, seus equivalentes físicos e comportamentais; identificação das diferenças individuais de estímulo e resposta à raiva; identificação e geração de atividades de descarga.

Quarto segmento: Diferenciação de sentimentos, pensamentos e necessidades individuais e reconhecimento das diferenças entre pessoas; desenvolvimento da empatia e capacidade de colocar-se na posição do outro, dessensibilização para busca de alternativas.

Quinto segmento: Desenvolvimento de habilidades de comunicação, praticando-se técnicas de escuta ativa e de comunicação de sentimentos.

Sexto segmento: Introdução de técnicas de negociação e avaliação de estratégia de solução, atividade de integração geral.

Foram realizados três procedimentos de capacitação estendidos a líderes e agentes comunitários, homens e mulheres da comunidade, técnicos e pais dos equipamentos educacionais da região.

O primeiro grupo foi composto de seis mulheres e dois homens, membros da comunidade que se inscreveram durante uma divulgação realizada na Sociedade Amigos de Bairro. O segundo e o terceiro, com 23 e 21 participantes respectivamente, foram compostos por mães e principalmente de técnicos que exerciam funções de educadores nos equipamentos locais (escolas de ensino fundamental e médio, creches e Centros de Juventude) e que agiam, portanto, como modelos culturais e de identificação importantes e muitas das vezes sujeitos impotentes de ações disruptivas das crianças e de seus familiares.

Em relação à construção das atividades e do material, foi definida uma perspectiva de pesquisa-ação em que as demandas da situação e dos participantes foram material de reflexão e incorporação, bem como de correção do andamento das atividades. Considerando a presença de indivíduos tecnicamente analfabetos, desenvolveu-se principalmente material gráfico pictórico.

Em primeiro lugar deve-se retomar que a finalidade do trabalho de solução de conflitos não se refere apenas à aprendizagem de novos comportamentos, no sentido de novas respostas às demandas divergentes, mas à flexibilização de crenças e ao ganho de autonomia. Foram utilizados dois procedimentos de avaliação da eficácia do trabalho: um formal e quantitativo e outro pela análise das verbalizações espontâneas.

Em termos gerais as atividades foram bem recebidas e a escolha de uma pedagogia ativa, manifesta na realização de jogos e vivências, dispôs rapidamente os participantes a uma convivência alegre e com poucas defesas, propiciando um clima favorável ao compartilhar de experiências vividas, por vezes bastante íntimas e dolorosas, o que favoreceu o desenvolvimento de novos vínculos interpessoais e o adensamento da rede social.

A realização de atividades de aquecimento e a revisão sistemática dos conteúdos já trabalhados, bem como o uso de recursos gráficos de desenhos e vinhetas (semelhantes a histórias em quadrinhos), foram avaliadas como recurso facilitador do andamento do trabalho por todos os participantes. O tempo proposto para o procedimento e o número de encontros também foram considerados adequados por mais de 80% dos membros dos grupos; muitos manifestaram o desejo de prosseguimento do trabalho, o que apontou a possibilidade do uso da mediação para diversos conflitos e disputas da comunidade, refletindo-se no encaminhamento para o atendimento familiar, já comentado, bem como a solicitação de trabalhos de mediação educacional nos equipamentos escolares.

A disponibilidade de material escrito e ilustrativo para cada dia de trabalho, embora não diretamente destacada pelos participantes como relevante, no entender dos capacitadores atuou como um meio indireto de recuperação da auto-estima, sobretudo entre os indivíduos com menor educação formal. Jamais esquecer a pasta de material do curso, guardar cuidadosamente o material recebido e consultá-lo durante as atividades, bem como exibi-lo pela comunidade, apareciam como o símbolo de auto-investimento em aprendizagem, e precisam ser considerados em tentativas semelhantes de trabalho. Agregue-se a esse fato a realização de uma pequena cerimônia de formatura que, apoiada por uma festa organizada pelos próprios grupos, revelou a importância do saber e a valorização dos saberes. Particularmente no primeiro grupo, o sentido profundo da empreitada no âmbito individual se destacou, revelando o significado do protagonismo, e foi sintetizado na conversa entre duas mulheres desse primeiro grupo:

> Nesse curso eu aprendi muita coisa importante, eu consegui conversar direito com minha filha (com quem vivia em conflito)... e aprendi a ficar com ela em casa e não pôr na instituição como o irmão. E agora eu tenho um diploma. Eu vou colocar no quadro e pôr na sala lá de casa. É o único diploma da minha vida.

A isso sua colega acrescentou: *"Ah! pode ser o primeiro"*.

Durante as oficinas foi possível verificar a reverberação do trabalho na vida cotidiana e o surgimento de novas práticas, em todos os grupos. Em muitos momentos, os participantes vinham relatar eventos da semana, tanto vividos quanto presenciados, acompanhados de conversas que incorporavam discussões de atividades anteriores e soluções alternativas. Relatos de soluções "novas" para problemas crônicos de relacionamento pais–filhos e conjugal, de sala de aula, e em relações patrão–empregado, também foram cada vez mais presentes.

A maior vinculação entre os membros dos grupos, o aparecimento de interesse pelas realizações semanais e cotidianas de cada um também foram se acentuando ao longo do tempo, aperfeiçoando a comunicação e favorecendo o adensamento de rede social.

A pobreza de recursos cognitivos e de vocabulário, particularmente no que se refere a sentimentos, não deve ser desconsiderada, pois implicou repetições, busca de exemplos, desenvolvimento de atividades paralelas para resolver problemas imediatos e não previstos. O *insigth* produzido pela dificuldade de comunicação apontou o uso de ditados populares como: *o mingau se come pelas bordas, pimenta no olho do outro é colírio* ou *é preciso ouvir os dois sinos tocarem*, como elementos básicos de geração de uma linguagem e comunicação de sentimentos.

Especificamente em relação ao conteúdo do trabalho realizado, a principal questão que se destacou foi a *indiferenciação entre conflito e violência. Em todos os grupos, as primeiras atividades foram marcadas pela presença de crenças de que conflito é sinônimo de violência, e expectativas de uma experiência de vida* em que a divergência seja erradicada. A conseqüência disso se traduz numa visão idealizada dos relacionamentos e na impotência diante do cotidiano.

Associando-se a crenças profundas de certo e errado a noção de conflito como sinônimo de violência, sobretudo nas primeiras duas atividades do treinamento, a comunicação tornava-se difícil. Diante da definição de conflito como uma divergência de idéias, necessidades, crenças etc., ou seja, o dia-a-dia dos relacionamentos, havia uma aceitação da definição em si mesma, convivendo com a posição pessoal de "eu não tenho conflitos, ele é que é violento". Respostas de negação das divergências e atitudes evasivas também eram avaliadas como "as corretas" nas situações de conflito. A compreensão da violência como uma resposta ao conflito e o jogo de papéis em saídas alternativas, iniciado pela representação teatral de um enfrentamento não-violento das divergências, facilitaram aos grupos se soltarem para a tentativa de novas soluções.

Em certo sentido a *desconstrução dessa indiscriminação violência-conflito e da atitude de negação associada* mostraram-se como o eixo do trabalho a ser realizado. Dar voz aos sentimentos e à diferença entre os aspectos objetivos e subjetivos de uma divergência tornava-se complicado não só pela dificuldade de se colocar do ponto de vista do outro, mas também pela reduzida incorporação no cotidiano de experiências de conversas pouco pragmáticas, sobre *o que você está sentindo*, expressas pelos participantes e compreensíveis, considerando o contexto difícil nos quais vive ou trabalha (no caso dos educadores) a maioria dos participantes. O uso de ditados populares, de letras de música e cenas de novelas de TV foram instrumentos favoráveis de comunicação. Mas a pouca prática dessa atividade não muito objetiva precisa ser bem cuidada quando da realização de tais tipos de intervenção.

A possibilidade de "soltar-se" para a busca de alternativas para situações divergentes ocorreu entre os indivíduos que puderam distanciar-se da perspectiva de que existe apenas um mundo composto de certo e errado e acabou funcionando como o diagnóstico de flexibilidade e limite individual de transformação e aprendizagem.

Conforme mencionado, foi utilizado um procedimento formal de avaliação. No primeiro dia de atividade, após o aquecimento, os participantes foram ajudados a rememorar uma situação de conflito e depois representá-lo por meio de um desenho onde usassem apenas linhas, formas e cores (desenho não figurativo). Em relação a esse desenho solicitava-se que se associasse uma palavra para o conflito, algo que se faz quando se está em um conflito, uma coisa que se pensa e uma coisa que se sente.[8] Depois, aqueles que quisessem compartilhavam com o grupo a experiência que haviam representado. Tanto a forma quanto o conteúdo do desenho pode ser significativo, bem como o relato associado, embora tenham sido usadas as palavras para avaliação.

O segundo instrumento formal foi composto de 15 questões de tipo "concordo ou não concordo". Nove dos itens referiam-se a crenças e idéias relativas a ações perante conflitos e violência, e seis relativos à aprendizagem de tópicos específicos.

---

8. No caso do primeiro grupo, em que a maioria dos integrantes tinha dificuldade com a escrita, um dos auxiliares tomava nota das associações referidas.

A tabela a seguir mostra os índices de palavras consideradas negativas pelos participantes e associadas a conflitos na primeira avaliação, ou seja, referiam-se à crença do conflito como algo negativo e a ser evitado. Exemplos de palavras negativas foram: falta de união, raiva, briga, confusão, sofrimento, aflição, intolerância. Ações como brigas, violência, bater, matar, sofrer, tentar provar que tem razão, pânico, perder também tiveram alta freqüência. Exemplos de palavras positivas foram: solução, esperança, diferença. Foi calculada a porcentagem de respostas quanto a crenças rígidas na primeira avaliação e mais flexíveis na segunda.

	1ª avaliação Conflito é negativo e deve ser evitado.	**2ª avaliação** Conflito é a expressão de diferenças e não leva necessariamente à luta e violência.
Grupo 1	100%	80%
Grupo 2	85%	90%
Grupo 3	90%	90%

De fato, na segunda avaliação observou-se uma significativa inversão no sentido de uma crença mais flexível e da diferenciação conflito-violência. Assim, verificou-se a tendência oposta à anterior, pela alta presença de respostas de que o conflito expressa diferenças de necessidades e não leva necessariamente à luta, à violência e a danos. O aparecimento dessas respostas indica a presença de crenças mais favorecedoras da aceitação das diferenças individuais e da busca de soluções que levem em conta interesses divergentes, ou seja, uma avaliação positiva do procedimento utilizado.

Cabe mencionar novamente que as relações interindividuais positivas no grupo, comportamentos de colaboração e sobretudo o compartilhar de experiência em que se expressava uma incorporação dos procedimentos no cotidiano individual e comunitário talvez sejam o indicador mais positivo do trabalho realizado. O engajamento dos membros dos grupos na divulgação e organização dos próximos trabalhos, a solicitação de ampliação deste para os outros equipamentos sociais da região também podem ser entendidos como um indicador de sucesso e de aceitação pela comunidade.

Em síntese, a capacitação realizada se mostrou efetiva tanto no sentido de evidenciar crenças quanto atuar em sua compreensão. Os grupos mostraram capacidade superior à imaginada para compreender os conceitos utilizados, participando ativamente das atividades e tendo seus vínculos interpessoais aprofundados. Vimos um aumento de escolhas mais empáticas e autônomas, o que leva à conclusão de que o procedimento criado permanece promissor como processo preventivo em si mesmo e como meio deflagrador de uma cultura de paz.

Considerações finais

Este trabalho sugere que a mediação pode cumprir a promessa de ser um meio de transformação social, quer no sentido restrito de uma comunidade de baixa renda, quer da sociedade como um todo, pois, como o pensamento sistêmico tem ajudado a compreender, todas as coisas estão ligadas. Mediação social, ou melhor, o serviço do desenvolvimento social, remete à reflexão do paradoxo globalização–especificidade local, todo e parte.

Novo (1996) refere-se a uma "cultura da violência" "caracterizada pela utilização da força na resolução dos conflitos", que se "sustenta e fortalece por sistemas morais particularizados e irredutíveis a ideais comuns", paralela a sua construção como "espetáculo, o que acentua seu caráter dramático e contribui para o obscurecimento do fenômeno, reforçando sua mitificação". Nessa circunstância, os conflitos familiares e comunitários relativos à convivência cotidiana, naturalizados e subenfatizados, só são trazidos a público quando podem virar estatísticas.

Sob a perspectiva do desenvolvimento social e do aprimoramento da vida comunitária torna-se, então, fundamental compreender os discursos que sustentam as violências, sua reprodução e a criação de formas de segregação-privilégio, tanto quanto gerar espaços sociais e estratégias de ação, pelas quais possam se construir relações interindividuais positivas e ideais comuns de convivência social.

Atuar em situações de pobreza extrema como as subjacentes ao trabalho relatado, por outro lado, torna evidente os impactos que esta produz na construção da subjetividade e, portanto, na busca de alternativas: limitações no projeto de vida e expectativas pessoais que se associam à redução de condições de reflexão, distanciamento e crítica; processos de dessensibilização e invisibilidade de comportamentos agressivos, engendrando uma naturalização e banalização de soluções violentas que se perpetuam nos relacionamentos conjugais e familiares, reproduzidas ao longo das gerações, entre outros. Trabalhar com mediação, ou em um programa ou oficina de educação para solução de conflitos, nessas circunstâncias, implica que o próprio mediador analise seus valores e treinamento pessoal, refletindo sobre como sua cultura e subcultura interferem na construção dos significados. Ele próprio precisa transcender um pensamento dicotômico e seu correlato educativo: eu sei-eu ensino/ele não sabe-ele aprende para não se transformar em outro agente abusivo (Souza e Pereira, 2001).

Identificou-se um número bastante grande de possibilidades para as quais a mediação poderia trazer uma contribuição significativa, não só pela Mediação Familiar e conjugal realizadas, mas em questões de vizinhança, grupos de poder conflitantes, entre moradores e equipamentos de saúde, pais e escola.

Mas a mediação pode proporcionar mais do que um método de solução de conflitos e disputas para as comunidades, e para a sociedade como um todo. O conjunto teórico, hoje bem articulado, acerca de como os conflitos se originam e são conduzidos, e como é possível buscar soluções fazendo uso de uma comunicação efetiva, possibilita estender a atuação no sentido da construção de uma cultura de paz.

É esse conhecimento acumulado que pode permitir que os mediadores articulem programas de desenvolvimento social na forma de oficinas ou cursos em educação para solução de conflitos, que favoreçam aos membros de qualquer comunidade encontrar saídas positivas para as questões do cotidiano: oficinas para pais, para treinamentos de pessoas que atendem público, casais, crianças, adolescentes e tudo o mais que se possa criar.

Uma população pobre, de fato muitas vezes paupérrima como a atendida, necessita de atendimento gratuito, mas, mais do que isso, tem poucas condições de deslocamento, talvez necessitando de atendimento local. Além disso, apenas alguns dos temas identificados na comunidade poderiam ser mediados por leigos, o que é em geral caracterizado como mediação de bairro. A maioria dos conflitos identificados exige um conhecimento altamente especializado do mediador. Organizar centros de mediação que criem, gerenciem programas, treinem, supervisionem e reciclem profissionais bastante diferenciados, não só em mediação, mas nos conteúdos específicos envolvidos – neste caso a pobreza, mas qualquer outro em questão –, é fundamental para que essas ações possam se realizar.

Talvez o grande desafio dessas empreitadas seja, então, o financiamento, o mesmo que acabou sendo identificado tanto por Bradley e Smith (2000) quanto pela avaliação do Virginian Association for Community Conflict Resolution (2001), isto é, cada vez mais os centros norte-americanos, para sobreviver, atendem encaminhamentos das cortes locais, e cada vez menos têm fundos suficientes para gerar novas e criativas intervenções!

Referências bibliográficas

BRADLEY, S.; SMITH, M. "Community mediation: reflections on a quarter century of practice". *Mediation Quarterly*, 17, Summer 2000, pp. 315-20.

BUSH, J. P.; FOLGER, R. A. B. "Transformative mediation and third-party intervention: ten hallmarks of transformative approach to practice". *Mediation Quarterly,* 13, Summer 1996, pp. 263-78.

Community Mediation Trends and Needs: A study of Virginia and ten states – final report and recommendations. August 2001.

CRAWFORD, D.; BODINE, R. *Conflict resolution education: a guide to implement programs in school, youth-serving organizations and community and juvenile justice settings – Program Report.* Department of Justice and Department of Education, USA, 1996.

JONES, T. S.; KMITTA, D. *Does it work? The case for conflict resolution education in our nation's schools.* CREnet, Washington D.C., 2000.

NOVO, H. A. *A dimensão ético-afetiva dos discursos sobre a violência: implicações para o processo de convivência social.* Tese (Doutoramento) – Pontifícia Universidade Católica de São Paulo, São Paulo, 1996.

SOUZA, R. M. *Conflitos interpessoais: introduzindo programas de solução,* texto de tiragem restrita. São Paulo, 1999.

SOUZA, R. M.; PEREIRA, R. S. A. Violência e solução de conflitos em ambientes educacionais, CONGRESSO INTERAMERICANO DE PSICOLOGIA, *Anais* XXVIII, Santiago, Chile, 2001.

5

Mediação social: considerações sobre uma experiência

JOSÉ SOLLERO NETO
MÁRCIA CASSIANA ROSA

O Centro de Integração da Cidadania (CIC) é um projeto experimental da Secretaria de Estado da Justiça e Cidadania do governo de São Paulo.[1] A primeira unidade está plantada a duas horas e meia da Praça da Sé na extrema periferia da cidade, carente dos serviços sociais, com potencial de conflitos de toda natureza. Foi construído em área cedida pelo CDHU, junto a um grande conjunto habitacional construído por esse órgão. Trata-se de local de sedimentação recente, onde se encontrava a antiga Fazenda Itaim, que deu nome ao bairro de São Paulo.

A Pró-Mulher chegou ao CIC a convite da Secretaria de Justiça, mediante convênio com a Secretaria de Estado de Assistência e Desenvolvimento Social, trazendo em sua bagagem a metodologia de Mediação Familiar. Durante os anos de atuação, realizamos no CIC um valioso laboratório prático de aplicação e desenvolvimento dessa metodologia. As solicitações diárias exigiam um trabalho interdiscidisciplinar em que a mediação se mostrou preciosa para abranger os diferentes problemas apresentados pela comunidade.

---

1. Inaugurado em 1996, conta atualmente com quatro unidades. Foi reconhecido e inscrito no Plano de Segurança Nacional do Ministério da Justica a partir do Decreto 46.000 em 15.08.2001.

As necessidades específicas da população exigiam, como se verá, a utilização de modalidades amplas de atendimento não previstas inicialmente.

O trabalho que a equipe da PMFC desenvolveu no CIC trouxe benefícios diretos à população, prevenindo o agravamento dos conflitos familiares e vicinais. Em cada queixa existiam situações de origem emocional, familiar, econômica, tais como: violência doméstica, evasão escolar, drogas e outros, sobre as quais a equipe da Pró-Mulher atuava diretamente no âmbito de sua proposta de prevenção e instrumentalização de pessoas envolvidas em situação de violência. O que levava a clientela a nos procurar eram problemas emergenciais, que, uma vez abordados, exigiam uma intervenção nas relações interpessoais, seja na família, na comunidade ou na rede de serviço.[2]

O objetivo do presente capítulo é descrever uma experiência prática, imposta por necessidades surgidas no CIC, de como foram utilizados os conceitos da mediação social, além das fronteiras do relacionamento interpessoal propriamente dito.

Com efeito, a metodologia da mediação tem como elementos básicos:

- a existência de duas ou mais partes em conflito;
- um objeto de conflito;
- um mediador neutro em relação à disputa e legitimado pelas partes.

Esses elementos podem estar presentes nas diversas dimensões do jogo das relações sociais, a saber:

- na relação indivíduo–indivíduo;
- na relação indivíduo/grupo–instituição;
- na relação grupo/instituição–grupo/instituição.

---

2. Ver diagramas "Árvore de Objetivos" e "Instrumentalização e Capacitação de Usuários", que descrevem o fluxo de atendimento à população.

Árvore de Objetivos

Objetivos Gerais

O objetivo da atuação da PMFC no CIC é apresentar estratégias que atuem perante os fatores geradores de violência e de exclusão social, fornecendo recursos a adultos, crianças, adolescentes e suas famílias, por meio de triagem, diagnóstico, orientação e encaminhamento, e participando da articulação para a efetiva ação do Conselho Local de Integração da Cidadania.

Objetivos Intermediários

- Instrumentalizar e capacitar.
- Estimular a articulação do Conselho Gestor Comunitário para um trabalho integrado.

Objetivos Específicos

- (Instrumentalizar e capacitar)
  - Promover a transformação dos padrões de solução de conflitos com mobilização de recursos internos da família.
  - Promover acesso à informação e encaminhar para recursos sociais internos e externos.
- (Estimular a articulação do Conselho Gestor Comunitário)
  - Participar de reuniões na Equipe do CIC e no Conselho Gestor Comunitário.
  - Divulgar a metodologia de resolução de conflitos e de utilização de recursos sociais para incentivar parceria e encaminhamentos.

Estratégias e **Atividades**

Estratégias	Atividades
Atendimento direto às famílias.	• Entrevistas individuais e grupais; • Grupos de Orientação e Encaminhamento; • Reuniões de Mediação de Conflitos; • Grupos por segmentos específicos.
Articulação com as demais secretarias e com os recursos da comunidade.	• Reuniões, palestras, *workshops*; • Realização de atividades em conjunto.
Divulgação e disseminação.	• Produção e distribuição de *folders* e folhetos; • Divulgação do Método e técnicas de Mediação de Conflitos.

Instrumentalização e Capacitação de Usuários

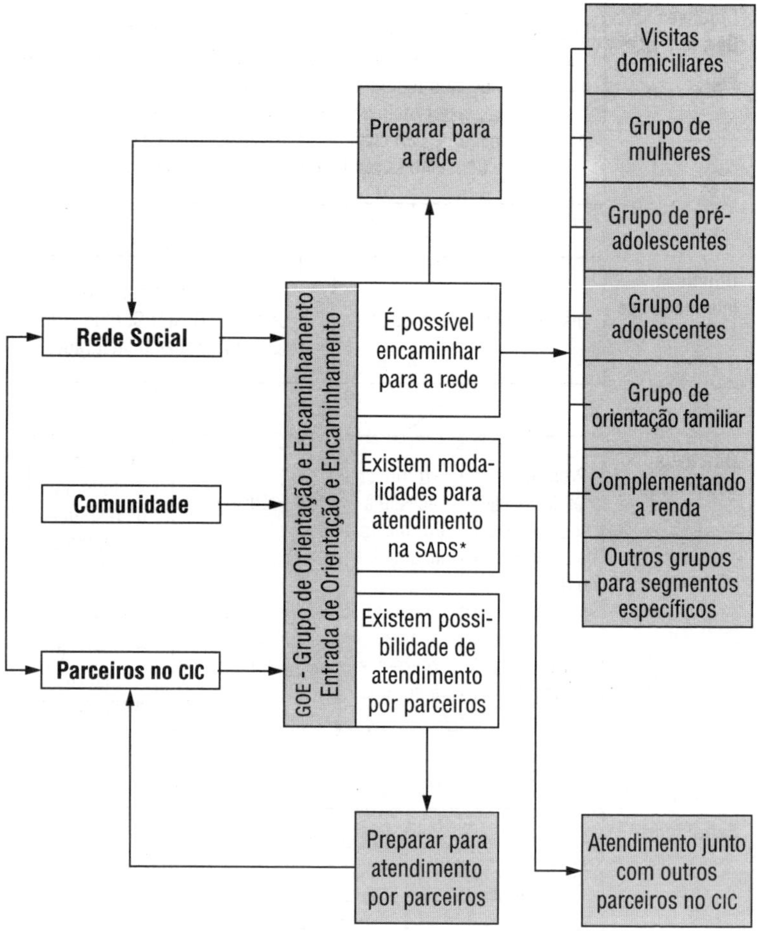

* Secretaria de Desenvolvimento Social.

A exposição à Mediação Familiar, tal como inicialmente utilizada pela Pró-Mulher, nos levou naturalmente às referências metodológicas da mediação social/comunitária.[3] A experiência aqui dis-

3. O termo mediação social comunitária aqui designa a intermediação de indivíduos com serviços da rede social. Essa técnica tem sido amplamente usada no serviço público da Argentina.

cutida foi estruturada levando em conta o objetivo de estimular a articulação do Conselho Local de Integração da Cidadania do CIC-Leste I. No ano de 2002 o CLIC era um Conselho Consultivo, democraticamente eleito e legalmente instituído pelo secretário da Justiça e da Defesa da Cidadania, constituindo-se num elemento basal para a sustentabilidade do Programa CIC, proporcionando a presença da sociedade civil no contexto público/estatal, com a função de avaliar, permanentemente, o programa, articular esforços da sociedade civil local, além de propor novas ações às unidades descentralizadas. Nessa experiência, os elementos básicos da mediação, como no caso a seguir, se configuravam da seguinte forma:

Partes em conflito	→	Escola e famílias de alunos
Objeto do conflito	→	Quem é responsável pela evasão? A escola ou os pais?
Mediador neutro em relação à disputa e legitimado pelas partes	→	Equipe da Pró-Mulher no CIC Itaim, conhecido pelos pais e pela escola
Um processo ou método de abordagem do conflito, conhecido como mediação	→	Aplicação dos conceitos da mediação de conflitos

Um experimento de mediação social/comunitária

Esse experimento foi realizado pela equipe da Pró-Mulher, Família e Cidadania no CIC Itaim, no segundo semestre de 1997.

O processo de mediação

Quando a instituição escolar chegou até nosso atendimento, trazia o problema da evasão escolar para que fosse solucionado por nós, após diversas tentativas infrutíferas de resolução. A escola não percebia suas responsabilidades institucionais sobre o evento, transferindo-a aos pais dos alunos. Nessa procura, a aproximação pouco se diferenciou da busca de ajuda em outras situações de conflito,

Conselho Local de Integração da Cidadania e Demandas Institucionais

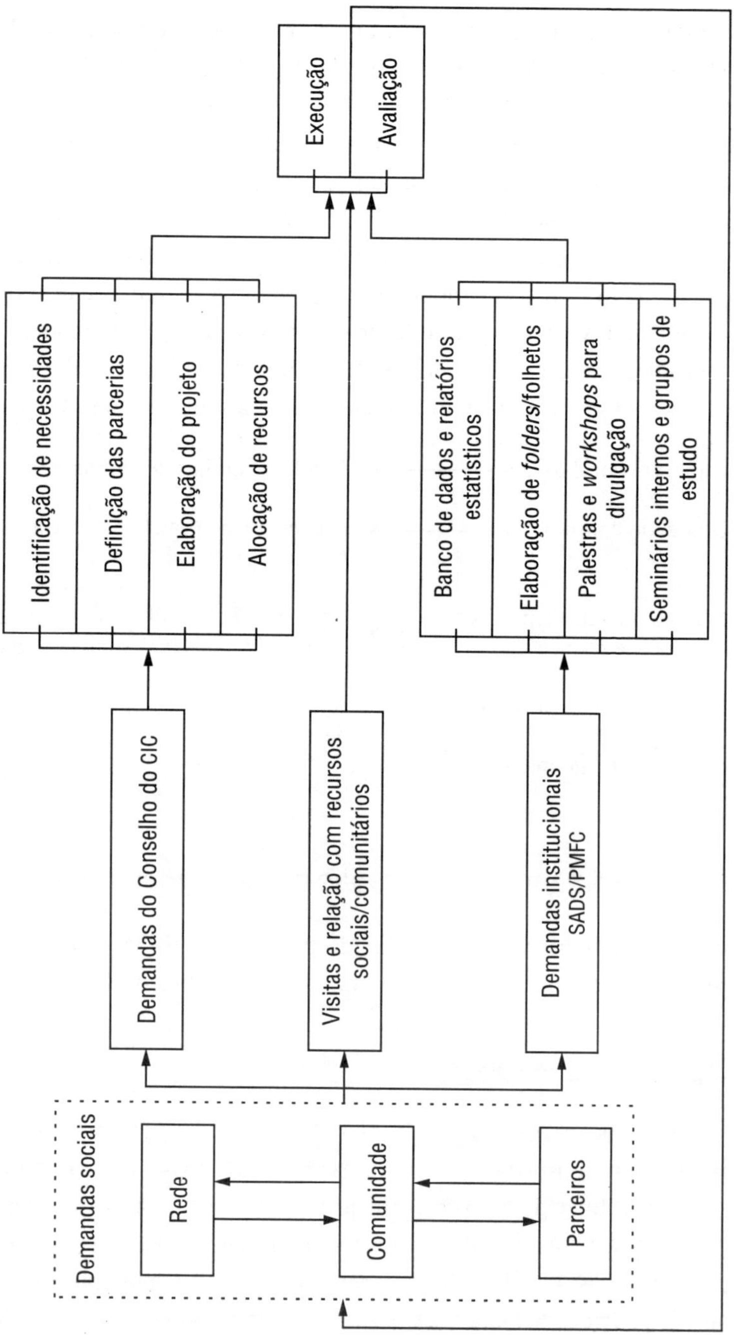

como a esposa que busca ajuda profissional responsabilizando o parceiro por todos os problemas conjugais.

Essa situação retratava o quadro já conhecido de falência de dois dos agentes de formação do sujeito na sociedade: a instituição familiar e a escolar. A família cada dia mais fragmentada, desorientada em seus objetivos mais claros, imatura para o amor e assunção de mútuas responsabilidades, com dificuldades para assumir os deveres que lhe são inerentes na formação de novos indivíduos, atribui à escola direitos inalienáveis. Esta, por sua vez, malformada, improdutiva, falaz, rotineira, abusiva, paupérrima e miseravelmente criadora, pouco ou nada acrescenta à formação do ser humano, reduzindo-se sua tarefa quase com exclusividade à transmissão de conhecimentos e, fatalmente, à indução das crianças a uma série interminável de regras, normas, preconceitos, valores, recompensas e castigos. A escola que nos procurava, em especial, buscava recursos para lidar com o problema crônico da evasão escolar e para manter o interesse do aluno pelo espaço e pelas atividades escolares.

Nosso relacionamento com a direção da escola vinha das reuniões do Conselho Local de Integração da Cidadania. Por outro lado, muitos dos pré-adolescentes por nós atendidos nos grupos temáticos[4] eram alunos dessa escola e referenciavam nosso trabalho, sinalizando a possibilidade de parceria mais intensa. Éramos, portanto, conhecidos de algum modo tanto pela comunidade, onde estavam os alunos e seus responsáveis, quanto pela direção da escola.

O problema da evasão da escola pública é bastante generalizado e complexo. Embora o Estatuto da Criança e do Adolescente estabeleça a obrigatoriedade do ensino fundamental[5] e nos artigos 53 e 54, inciso III, afirme: "Compete ao Poder Público recensear os

---

4. *Atendimento em Grupos Temáticos*: Agrupamento de pessoas por similaridade dos problemas, com uma agenda de temas a percorrer durante os atendimentos. Exemplos: grupos de adolescentes, pré-adolescentes, mulheres, pais etc.

5. Estatuto da Criança e do Adolescente, artigos 53 a 59. A Constituição Federal no artigo 129 estabelece que o Ministério Público é responsável por intervir nos casos de evasão escolar.

educandos no ensino fundamental, fazer-lhes a chamada e zelar junto aos pais ou responsável pela freqüência à escola", é pouco comum a iniciativa de buscar ajuda de um outro órgão público, no caso o CIC, para lidar com situações dessa natureza, ficando a questão a cargo das próprias escolas e Varas de Infância e Juventude, que têm inúmeras dificuldades de lidar com o volume desse tipo de demanda. O processo de transição para a democracia no Brasil, que coincidiu com uma forte crise econômica, gerou restrições à capacidade do Estado de promover o crescimento econômico e de criar a infra-estrutura para que esse crescimento ocorresse. Os cortes de orçamento afetaram todas as áreas e reduziram, especificamente, a capacidade de o Estado atender às demandas da promotoria pública (número de promotores, recursos materiais, equipamentos, instalações etc.), do judiciário (número de juízes, número de varas, instalações de varas especiais e equipamentos) e as questões prisionais (número de vagas, infra-estrutura, atendimento, programas de ressocialização etc.).

Na abordagem tradicional, o procedimento para lidar com o problema da evasão é protocolar na Vara de Infância e Juventude, limitando-se à listagem de alunos evadidos, cujas famílias são, dentro das possibilidades, convocadas pelo Ministério Público para providências. Na abordagem de mediação social utilizada, chamamos todas as partes envolvidas para refletir sobre o problema e encontrar uma forma de solucioná-lo.

Preparação das partes (pré-mediação)

A escola já havia tentado sem sucesso o retorno dos alunos mediante contato com as famílias. Nosso primeiro passo foi conversar com a direção da escola sobre as implicações sociais e legais da situação, e tomar as providências cabíveis: protocolar no Ministério Público da Vara de Infância e Juventude a listagem dos evadidos.

Em seguida, estabelecemos contato direto com a promotora, descrevendo o pedido da escola e sugerindo uma mediação para lidar com o problema de forma coletiva, utilizando as instalações e os técnicos do CIC. Nesse acordo conversamos sobre a questão dos limites institucionais de cada parte envolvida e a disponibilidade da equipe técnica da Pró-Mulher no CIC de fazer posterior acompanhamento das famílias que necessitassem de apoio.

As famílias foram comunicadas por carta pelo Ministério Publico sobre uma reunião no CIC-LESTE I para tratar de problema relacionado a seus filhos.

Ao mesmo tempo, foi discutida com a escola a questão da abordagem coercitiva tradicional e acordado que os pais que procurassem a instituição seriam incentivados a buscar apoio no CIC e a participar da reunião programada. A finalidade era incentivar a busca de soluções compartilhadas entre comunidade e escola, e não o enquadramento legal.

Ações e resultados

A abordagem foi pensada no sentido de suscitar nos pais a importância de seu papel no processo educativo dos filhos e de a instituição escolar buscar a família e/ou comunidade como parceiro de fato.

Compareceram à reunião: seis educadores, 23 pais ou responsáveis, a promotora e a diretora do cartório da Vara da Infância e Juventude de São Miguel Paulista.

Nessa ocasião, nos chamou a atenção a presença de um grande número de homens, o que nos levou a refletir sobre a importância dada culturalmente, pelos homens, para a instância pública.

Após a chegada de todos explicamos aos pais e responsáveis a importância de sua presença na reunião, e o motivo de estarem no espaço do CIC para solução do problema de evasão escolar de seus filhos. A partir daí passamos a explanar a programação do dia, que consistiria em:

Primeira etapa

Divisão em três subgrupos – um composto por educadores e Ministério Público e dois compostos por pais e responsáveis.

Segunda etapa

Propusemos aos subgrupos uma reflexão sobre os seguintes temas: "O que é educar?", "A quem cabe o papel de educar?", "Quais as propostas para a melhoria da educação?".

Terceira etapa

A exposição sobre a síntese da tarefa realizada pelos subgrupos seria feita por um relator eleito por eles.

Quarta etapa

Exposição realizada pela promotora sobre os aspectos jurídicos do Estatuto da Criança e do Adolescente quanto a educação e importância social da proteção dos Direitos da Criança e do Adolescente.

Quinta etapa

Mediação Social/Comunitária realizada no final do encontro.

Descrição da segunda etapa

Cada subgrupo foi colocado em espaço físico diferente. Nessa segunda etapa percebemos um grande entusiasmo dos pais em discutirem as perguntas propostas, em oposição à falta de empenho dos educadores. Estes pareciam mais preocupados em relatar suas queixas à promotora. Nosso objetivo nessa etapa era o de explicitar o conflito existente entre educadores e familiares de alunos, a paralisação diante do confronto com suas diferenças e dificuldades e a *dificuldade de analisarem suas possíveis responsabilidades na evasão escolar*.

Descrição da terceira etapa

Ao retornarem dos subgrupos, os relatores passaram a reportar a todos os resultados das discussões. Nessa etapa o objetivo maior era mostrar a todos os participantes como eles expressavam com palavras diferentes os mesmos conteúdos. As respostas eram pouco diferentes em teor, quando não idênticas. Os pais de alunos expressaram uma profusão de idéias e soluções, tais como serviços voluntários por parte dos que tivessem tempo livre para melhorar o espaço da escola, cursos de qualificação e incentivo aos alunos, estágios em estatais, entre outras. A verbalização da responsabilidade de cada um na vida das crianças da comunidade e preparação de seus filhos para convivência comunitária foram relatos que nos chamaram bastante a atenção. Relatos que merecem destaque: um pai de aluno que informou aos presentes: *Hoje sou muito agradecido a essa escola, porque a diretora encaminhou meus dois filhos mais velhos para estagiar na Cesp...* (atualmente esses dois adolescentes trabalham numa rede de supermercado e estão na universidade cursando Direito e Informática). Uma das mães disse: *É lógico que temos a obrigação de educar nossos filhos, mas se a escola não ajudar a gente, o que vai ser das nossas crianças?*; outra mãe: *Temos que trabalhar pra dar o que comer pros nossos filhos, eu tenho muita dificuldade pra ajudar no dever de casa, eu chego muito cansada do trabalho, às vezes não sei nem pra onde correr.*

Descrição da quarta etapa

A explanação da promotora da Vara da Infância e Juventude foi bastante clara e simples, convergindo com as reflexões trazidas pelos pais. Ela relatou sobre o Estatuto da Criança e do Adolescente de maneira muito elucidativa, sobre pontos importantes, como a necessidade que as crianças manifestavam de freqüentar a escola e qual o papel dela como promotora de Vara da Infância no acompanhamento e encaminhamento dessas questões. Um pai presente perguntou à promotora: "Eu posso ser preso se eu não mandar meu filho para a escola?", ou outro que perguntou: "Eu posso ficar sem o meu filho se eu não mandar ele para a escola?". A promotora respondeu às perguntas e reforçou aos presentes a importância daquela conversa entre as partes, antes de encaminharem um processo judicial, que poderia correr pelo Fórum, culminando em muitos transtornos para ambas as partes.

Descrição da quinta etapa

A mediação ocorreu durante todo o processo de condução dos trabalhos do dia e nos recortes que fizemos para que escola e pais conseguissem iniciar um diálogo em que quem ganharia, com certeza, seriam as crianças. Apesar das críticas apresentadas pelos pais dos alunos ao equipamento escolar, foram apresentadas outras idéias de cooperação para solução de problemas do dia-a-dia. Ocorreu também o reconhecimento de muitos pais sobre o esforço dos professores e da direção, o que facilitou a possibilidade de que as partes saíssem de suas posições rígidas iniciais e conseguissem tratar de seus *interesses*.[6]

Posição inicial da escola: "Os pais são irresponsáveis, pois não mandam seus filhos para a escola".

Posição inicial dos pais: "Esses professores estão pensando o quê? Nós mandamos nossos filhos a hora que nós quisermos. E eles, o que estão fazendo lá?".

Interesses da escola:

- que as crianças retornassem às aulas;
- ter seus esforços reconhecidos pelos pais dos alunos;
- poder contar com os pais para o cumprimento de seu papel: transmissão de conhecimento sistematizado aos alunos e socialização.

Interesses dos pais

- que seus filhos fossem para uma escola melhor;
- que os professores entendessem suas dificuldades;
- que seus filhos fossem bem-educados e encaminhados para um futuro melhor do que o deles.

Ao final, recapitulamos com os presentes a experiência ocorrida naquele dia e perguntamos: "E agora, como fica a situação das crianças?", ao que todos responderam que enviariam seus filhos à escola no dia seguinte. Ficou para acompanhamento da equipe técnica da PMFC uma família, cujo pai tinha a guarda da filha mas ainda não havia reconhecido sua paternidade.

---

6. Interesse em mediação é diferente de *posição*. Posição é aquilo que está expresso, enquanto interesse refere-se ao que está, na maioria das vezes, oculto por trás da posição.

Discussão

A instituição escolar sofre de um déficit de normatização, já que as formas tradicionais de autoridade não estão adaptadas à forma de lidar com conflitos. O modelo disciplinar repousa na oposição das partes e na promulgação de uma sanção que pode ir de censura a exclusão. Essa forma de lidar com os conflitos reproduz o modelo em vigor na sociedade, seja inquisitorial ou acusatório.

Há uma naturalização da violência na escola, onde a atitude coercitiva tradicional nas relações escola/comunidade, escola/aluno é reflexo da violência urbana, um fenômeno complexo, passível de ser entendido sob diversos enfoques e nuanças, que se expressa em diferentes contextos, mas que converge na perplexidade e impotência que invoca.

Especificamente, a violência doméstica e a violência nas escolas têm se apresentado como um problema social com repercussões intra e interpessoais, trazendo profundos questionamentos a respeito do exercício e da legitimação da cidadania, sobretudo por se subentender que a família e a escola são responsáveis pela estrutura geradora e formadora do indivíduo.

A violência nas escolas muitas vezes é expressa de forma direta pelos alunos no caso das depredações, da formação de gangues, da criação de pólos de drogadição, de assassinatos etc. A escola reproduz em sua cultura outras formas de violência não menos importantes, como: discriminações, preconceitos ancorados em valores tradicionais e naturalizados pela cultura nos quais as diferenças são interpretadas como desigualdades, criando-se uma hierarquia de poder, dicotomizando as polaridades: homem/mulher, feminino/masculino, educando/educador, vítima/agressor, oprimido/opressor.

Nessa experiência pudemos concluir claramente que o medo da violência foi o principal fator que contribuiu diretamente com a evasão escolar. Diante das alianças feitas entre pais e educadores, na união das forças antes opositoras, foi restabelecida a confiança na cooperação e colaboração mútuas, por um interesse comum às partes, que poderia se resumir em lutar contra a situação de fracasso a que ambos os lados vinham sendo submetidos.

Conclusão

O relato dessa experiência comprova a eficácia do Método da Mediação diante do fenômeno da evasão escolar como uma saída alternativa de resolução de conflitos, pois tivemos 100% de retorno e permanência dos alunos na escola. Esse resultado promoveu uma relação de confiança que possibilitou à equipe da Pró-Mulher no CIC continuar atuando junto com os alunos e professores dessa unidade escolar.

Resolver conflitos, sem responsabilizar as partes, tem se mostrado uma maneira ineficaz e assistencialista de resolver problemas. Esperamos que nossa experiência possa ser recriada e aproveitada por outros que, como nós, esperam contribuir para a democracia, cidadania e justiça social em nosso país.

Referências bibliográficas

GIRARD, Kathryn; KOCH, Susan J. *Resolución de conflictos en las escuelas.* Ediciones Granica, 1977.

RODRIGUES, Marlene. *Psicologia educacional, uma crônica do desenvolvimento humano.* São Paulo, McGraw-Hill, 1976, p. 7.

O'DONNELL, apud CARDIA, Nancy. "A violência urbana e os jovens", Núcleo de Estudos de Violência, USP, 1997.

6

O papel do Serviço Social em um Programa de Mediação Familiar

CARLA REGINA MOREIRA
CLAUDIA ROSA BAPTISTA
EUNICIANA PELOSO DA SILVA

Este artigo tem como objetivo apresentar a experiência profissional de três assistentes sociais, numa organização não-governamental, que trabalha com Assistência Social na área de Direito de Família, proporcionando atendimento psicossocial e jurídico voltado às famílias empobrecidas e que vivenciam situação de conflito familiar e/ou violência doméstica. A ação interventiva utilizada para atender à demanda institucional é o método denominado Mediação Familiar. Para desenvolver essa metodologia, realizamos um trabalho interdisciplinar. Embora cada profissão possua conhecimentos e atividades singulares, na mediação elas se interpenetram e se conjugam.

O Serviço Social, como profissão, tem conhecimentos teóricos e metodológicos para atuar nas complexidades dos processos relacionais, portanto, está naturalmente inserto na prática de mediar. Nossa intervenção tem um caráter mediador na sua natureza, apresentando-se "ora entre usuário e instituição, ora entre capital e trabalho". Atuamos no âmbito da reprodução social, intervindo nos aspectos relacionados às condições de vida e à busca da melhoria da qualidade de vida, entendendo a realidade para além das aparências, buscando a essência dos fatos para efetivação e concretização do compromisso ético-político profissional. Nesse sentido, compreendemos que a Mediação Familiar vem ao encontro de nosso anseio.

A Pró-Mulher, Família e Cidadania não está inserta no engodo das entidades sociais que apresentam práticas tradicionais da caridade e da filantropia. A nossa proposta é uma ação crítica com interferência nas políticas públicas, visando à efetivação da cidadania.

Este artigo foi construído com base na experiência da prática cotidiana da ação profissional do assistente social inserido na organização. Tivemos o intuito de apresentar as atividades desenvolvidas, relatar a intervenção e contribuição de nossa prática na implementação do método.

As atividades desenvolvidas pelo Serviço Social na mediação familiar

Acolhimento/triagem

Entendemos que esse momento do processo é destinado à compreensão da totalidade do contexto social em que o sujeito está inserto. Nesse estágio é possível identificar a problemática apresentada, suas decorrências e a possibilidade de uma provável mediação entre as partes, que será mais profundamente analisada no decorrer do processo, que poderá, por si só, desdobrar-se em novas configurações.

Essa primeira etapa é realizada mediante uma avaliação social, em que utilizamos como instrumentos a entrevista individual seguida de um grupo denominado “de integração”, este último em parceria com a área jurídica.

Na entrevista os usuários expressam suas dificuldades, angústias, ansiedades e demonstram almejar a resolução imediata para sua problemática. É comum nessa fase a pessoa manifestar uma atitude de negação em relação à sua participação no conflito, delegando ao outro a total responsabilidade do problema: “o culpado e a vítima" requerendo uma intervenção técnica, capaz de ajudá-los a se perceberem como protagonistas daquela história. A busca inicial é sempre pelo atendimento jurídico, na crença de que dessa forma se colocará um ponto final na situação conflituosa ou de violência. Observamos, entretanto, que em alguns casos os usuários não têm clareza do seu real desejo, apresentam-se fragilizados, buscando ajuda, permeada de ambigüidades e contradições. Diante de nossa experiência, percebemos que a prática do assistente social viabiliza o início de um processo reflexivo acerca do cotidiano de quem procura o serviço, permitindo um repensar na sua atitude diante do problema vivenciado.

Devido à organização ter critérios para o atendimento, na entrevista fazemos a confirmação da localidade geográfica, renda familiar e verificamos se a queixa está contida na área do Direito de Família. Salientamos que não se trata de um atendimento meramente seletivo, em que se exclui ou inclui a demanda de forma burocrática e mecânica; nosso eixo norteador é a concretização dos direitos sociais. Quando a pessoa não pode ser atendida na Instituição, temos o compromisso profissional de prestar orientação e encaminhamento à rede de serviços sociais com a garantia de que este poderá atender à demanda apresentada.

O grupo de triagem/integração é um espaço socioeducativo, que funciona como uma rede política, trabalha o exercício da cidadania, dos direitos e deveres sociais, oferecendo aos participantes a possibilidade de construírem um aprendizado coletivo, na busca de soluções para o enfrentamento dos seus problemas. Mediante essa integração pode emergir a consciência do ser político, tendo em vista que o nosso objetivo é proporcionar um espaço reflexivo que contribua com a desconstrução da assistência como uma prática caritativa aos necessitados, sendo oferecida àqueles que não possuem condições de recorrer ao atendimento particular. Enfatizamos e dialogamos a concepção da efetivação da cidadania, compreendendo que a implantação das políticas públicas se dá mediante a contribuição dos impostos arrecadados. O despertar da conscientização da cidadania permite o fortalecimento da representação social, pois envolve a manifestação da cultura, da ideologia do eu e da vida cotidiana. Ser sujeito e não objeto implica a mediação do político, ou seja, o poder de apropriar-se da própria vida. Esse poder significa expressar, refletir e estabelecer estratégias. Para o desenvolvimento dessa atividade utilizamos técnicas de dinâmicas de grupo, que contribuem com a diminuição da ansiedade e favorecem a elevação da auto-estima. Algumas informações básicas da ordem do jurídico ainda contribuem para a mudança de atitude dos sujeitos, devolve-lhes a condição de usuários de direito. Também avaliamos que o contexto grupal promove a solidariedade, a cooperação e amplia o campo da reflexão sobre a situação vivida, proporcionando aos usuários uma visão de que não são os únicos que estão insertos num contexto conflituoso e/ou violento. Nessa ocasião são feitas as orientações sobre as etapas do atendimento institucional, esclarecimentos das demandas jurídicas, e reforçamos o compromisso da organização em contribuir com o fortalecimento familiar, pois, em situações de violência intrafamiliar, todos estão insertos no problema, considerando que esta se dirija apenas, mais comumente, a uma das pessoas do grupo familiar. Acreditamos que o próprio usuário é quem busca a sua melhoria e que nós, acreditando no potencial e na capacidade do ser humano, representamos uma sustentação.

Visita domiciliar

É a extensão do trabalho técnico do assistente social na organização, saindo da esfera institucional, transitando em outros espaços. Parafraseando Faleiros (1997): "A rede é uma articulação de atores em torno de uma questão, ao mesmo tempo que é política e social é profundamente complexa e processualmente dialética".

A visita domiciliar no Serviço Social atendeu a várias demandas; no início do seu surgimento apresentava-se com características positivistas. Apresentou-se primeiro com a concepção paramédica e parajurídica, sendo tais profissionais denominados visitadores domiciliares, servindo como suporte ao serviço médico e ao serviço judiciário. O enfoque central era o controle e a fiscalização das famílias empobrecidas que buscavam os serviços assistenciais.

Segundo o artigo de Kern, "a prática dos visitadores sociais tinha como objetivo ajudar o indivíduo e ajudar a ele próprio a alcançar os seus propósitos, dentro de um padrão de normalidade previamente estabelecido. O caráter dessa atividade tinha cunho psicológico em que o apoio passa a fazer parte do vocabulário" do profissional da área social, sendo que, naquela época, a prática era realizada pelo agente social.

Atualmente a visita domiciliar é utilizada em áreas de atuação do Serviço Social, sendo um recurso que permite colher informações de determinada situação, avaliar condições de habitabilidade, acompanhar atendimentos, resgatar vínculos, conhecer a dinâmica familiar fora do espaço institucional, realizar entrevistas e fazer uma leitura das disposições da situação apresentada. Na Mediação Familiar a decisão do emprego dessa intervenção é realizada após discussão interdisciplinar – equipe reflexiva –, quando percebemos questões *relacionadas a possível* violência envolvendo crianças ou adolescentes, para que sejam garantidos e preservados os seus direitos como determina o Estatuto da Criança e do Adolescente:

> [...] a violência contra a criança e o adolescente, em suas manifestações mais virulentas, deve ser combatida de forma sistemática e vigorosa, não só pelos prejuízos físicos e psíquicos que causa às vítimas, mas sobretudo pelo padrão abusivo de relação social que ela dissemina e que fere o mais elementar direito do ser humano.

Quando nos propomos a trabalhar com esse instrumental é necessário ter claros a intencionalidade, os objetivos profissionais, sendo preciso definir um roteiro básico para obter informações necessárias e pontos que deverão ser abordados durante a visita. Ao utilizar tal ferramenta, o profissional lança mão de um recurso que fornece um conjunto de ações que o assistente social desencadeia como parte integrante de um atendimento social. Ressaltamos que a utilização dessa intervenção é sempre comunicada com antecedência ao grupo familiar.

Visita institucional à PMEC: para efetivação dos encaminhamentos à rede de serviços sociais, avaliamos que é fundamental ser feito um processo de articulação com os equipamentos sociais. Acreditamos que dessa forma o profissional contribuirá com a garantia do serviço, evitando a peregrinação da população aos serviços, o que pode gerar a *violência no atendimento institucional*. O primeiro passo é identificar a demanda junto com o usuário para construir as alternativas de enfrentamento da questão. Dessa forma, o sujeito social estará envolvido com o prosseguimento dos atendimentos. O assistente social é o profissional que atua como agente intermediador entre o sujeito e as instituições. Para desempenhar essa tarefa utiliza-se da estratégia de formação de alianças, ultrapassando a setorização e fragmentação das políticas sociais. O método da Mediação Familiar proporciona um espaço de troca entre as áreas do saber, a interdisciplinaridade e a articulação com outras instituições, rompendo com o centralismo. Somente por uma ação conjugada entre profissionais e instituições será possível a transformação social, ou seja, sair da situação de vitimização. Para tanto contamos com a rede socioassistencial das organizações voltadas para o atendimento da população que necessita dos serviços sociais. A assistência social é um direito não contributivo para todo cidadão, garantido na Constituição de 1988. Trata-se de uma proteção social para garantir os mínimos sociais às famílias em situação de pobreza, distanciando-se da sua origem tradicional que estava pautada em um modelo conservador e benevolente, que reiterava a subordinação das classes subalternizadas.

Pastorine (1997: 87) busca as contribuições do professor José Paulo Neto para afirmar que

> as políticas sociais deverão ser entendidas como enfrentamento da questão social, ou seja, aquele conjunto de problemáticas sociais, políticas e econômicas que se gestou com o surgimento da classe operária, na sociedade capitalista, portanto seu real objetivo é assegurar as condições necessárias para o desenvolvimento do capitalismo monopolista.

Mediante uma concepção ético-política a rede de serviços sociais deverá ser compreendida na sua totalidade social, potencializando o impacto do método da Mediação Familiar no que diz respeito à inserção social dos sujeitos, condição essencial na construção da cidadania.

Considerações finais

Concluímos que o método de Mediação Familiar permite o enriquecimento teórico-metodológico, proporcionando um espaço de exposição de idéias e trocas entre as áreas dos saberes, numa concepção horizontal. Ao inserir-se no método, o assistente social realiza uma trajetória dialogada na dinâmica das relações sociais contraditórias que vinculam as diferentes totalidades que incorporam a prática profissional cotidiana.

Compreendemos que esse trabalho amplia o conhecimento dos profissionais e das famílias envolvidas nas situações de conflitos, pois seu caráter democrático possibilita a escuta, a reflexão, a construção de um novo diálogo baseado na perspectiva sociocultural e histórica da experiência vivida. É, no entanto, um trabalho preventivo, possibilitando às famílias descobrirem outra forma de comunicação que não seja a violência. O requisito básico da mediação é a eqüidade entre as partes. O assistente social/mediador deverá ter uma ação imparcial, ter a percepção da totalidade, saber interagir com outras áreas e com outras instituições. Essa técnica permite a compreensão da subjetividade devido ao olhar de várias ciências sobre o fenômeno em questão.

Referências bibliográficas

CHUAIRI, Sílvia Helena. "Assistencia jurídica e serviço social: reflexões interdisciplinares". *Serviço Social & Sociedade*, 67, ano 22, São Paulo, 2001.

FALEIROS, Vicente de Paula. *Estratégias em Serviço Social*. São Paulo, Cortez, 1997.

IAMAMOTO, Marilda Vilela; CARVALHO, Raul. *Relações sociais e Serviço Social no Brasil* – esboço de uma interpretação histórico-mitológica. São Paulo, Cortez, 2001.

KERN, Francisco A. *Visita domiciliar: A linguagem de relações*, s.d.

LIMA, Antonia Jesuíta de. "A constituição dos direitos do homem e sua dimensão simbólica: uma análise lefortiana". *Serviço Social & Sociedade*, 53, ano 18, São Paulo, Cortez, 1997.

PASTORINE, Alejandra. "Quem mexe os fios das políticas sociais? Avanços e limites da categoria 'concessão – conquista'". *Serviço Social & Sociedade*, 53, ano 18, São Paulo, Cortez, 1997.

PONTES, Reinaldo Nobre. *Mediação e Serviço Social.* São Paulo, Cortez, 1995.

Senac – Centro de Integração da Cidanania. *Guia cidadania e comunidade.* São Paulo, Imprensa Oficial, 1997.

SILVA, Maria Ozanira da Silva e. "Avaliação da políticas sociais: concepção e modelos analíticos." *Serviço Social & Sociedade*, 53, ano 18, São Paulo, Cortez, 1997.

SILVA, Ademir Alves. *A história do Serviço Social: fragmentos de sala de aula.* Curso de Serviço Social da Faculdade de SS/PUC/SP, 1997.

7

O conhecimento psicológico e a mediação familiar

REGINANDRÉA GOMES VICENTE
LILIAN GODAU DOS ANJOS PEREIRA BIASOTO

A Pró-Mulher, Família e Cidadania tem se dedicado ao desenvolvimento do Projeto de Mediação Familiar através de estudos, trabalho efetivo, treinamento, capacitação e reciclagem de sua equipe. Assim, tem utilizado a experiência e fundamentação teórica construída em outros países sobre mediação, adequando-os à realidade brasileira e à especificidade da clientela que assiste. Nesse momento, a proposta é repensar a prática desenvolvida, avaliando-a e gerando novos constructos teóricos.

Este artigo é fruto da inquietação e reflexão de duas psicólogas que vêm participando desse projeto. A proposta é perceber como vem sendo o percurso do profissional envolvido na prática da Mediação Familiar na interface com a sua formação de base, no caso a psicologia. Pretende-se também destacar o que do conhecimento "psi" torna-se básico no desempenho daquela.

Num contexto globalizado, no qual a convivência com as diferenças são potencializadas, parece ser consenso e cada vez mais visibilizada a importância de se desenvolver novas formas de resolução de conflitos e negociação. A mediação surge com uma das possíveis alternativas, sendo cada vez mais utilizada em áreas diversas, congregando profissionais com diferentes formações acadêmicas.

Parte III

A Escuta "Psi"

O mediador pode ter uma formação básica qualquer, como: Psicologia, Direito, Administração, Serviço Social etc., e deve se especializar em técnicas de comunicação e negociação.

Da interface entre a função de mediador e a formação de base do profissional podem surgir alguns entraves que geram equívocos e desvios dos princípios da mediação, principalmente os inerentes aos pressupostos paradigmáticos no qual se inserem os conceitos da diversidade, do convívio das diferenças, da circularidade e não-linearidade, dos fenômenos sistemicamente correlacionados, da imparcialidade e neutralidade, entre outros. Dessa forma, as premissas da mediação rompem com assertivas polarizadas de maneira dualística, ou seja, certo–errado; verdade–inverdade; justo–injusto; bom–mau etc. Muitas são compartilhadas ideologicamente, de forma coletiva, estando presente de forma significativa no escopo de determinadas formações profissionais.

O mediador deve se privar de práticas "automatizadas" e muitas vezes definidoras do seu exercício profissional de origem; por exemplo, ao psicólogo é vedada a interpretação e ao advogado, a defesa.

O embasamento teórico da mediação inscreve-se num espaço interdisciplinar que propicia o ganho em complexidade e diversidade, favorecendo a tratativa de conflitos da mesma natureza. Nesse ínterim, as diferenças e peculiaridades de cada ciência podem ser usadas para ampliar, e não para suprimir.

É importante ressaltar que as idéias aqui articuladas representam uma síntese reflexiva (sob a ótica de duas psicólogas) de conceitos e metodologia elaborados por uma equipe interdisciplinar que se propõe a um diálogo dialético entre o fazer e o pensar a prática de Mediação Familiar.

Apesar do franco desenvolvimento da Mediação Familiar no Brasil, expresso pelo grande número de profissionais que se têm dedicado ao estudo e à implantação desta técnica nesse meio, o seu "estabelecimento", assim como sua prática, ainda são muito incipientes. Daí decorre uma série de questionamentos em relação a sua aplicabilidade e a seu escopo teórico/prático.

Da mesma forma, o papel do mediador vem sendo construído de acordo com as especificidades do contexto socioeconômico cultural brasileiro, o que acaba por conferir a quem se propõe exercê-lo um rol de incertezas diante dos ajustes e reajustes próprios do processo de construção, mas nem por isso menos angustiante.

O mediador

Freqüentemente o papel do mediador tem sido definido pela sua negativa, pelo que não é; traça-se o paralelo entre os pontos de convergência e divergência com seus interlocutores, ou seja, árbitros, conciliadores, juízes, advogados, assistentes sociais, psicólogos, terapeutas familiares, entre outros. Sabe-se (Cobb, 1997; Eliçabe-Urriol, 1993; François-Six, 1997) que o mediador não é um especialista em arbitragem, conciliação ou direito, embora o conhecimento dessas áreas seja importante; também não é um especialista em família ou em crianças, mas em processos de comunicação e negociação com conhecimento de diversas áreas como as citadas acima.

A interdisciplinaridade surge, assim, em resposta à complexidade das questões que envolvem a Mediação Familiar, que evocam para sua compreensão múltiplos pontos de vista. A diversidade das abordagens leva a um conhecimento mais rico do objeto, e nesse percurso cada disciplina vai se redefinindo. Os estilos de abordagens de cada campo do saber começam a se transformar e incluir-se mutuamente (Eliçabe-Urriol, 1993).

Além da dificuldade na autodenominação do mediador, também não existe um eco social que reafirme sua identidade; ao contrário, é esperado que o mediador discorra com muita habilidade sobre a sua função. Muitas vezes é visto como um assessor do juiz ou do advogado. E mais uma vez tem-se a árdua tarefa de esclarecer que no máximo se é um facilitador de processos de negociação, o que com freqüência é decodificado como nada, pois, como afirmou Bateson (1986), o ser humano prefere a legislação à cidadania, ou seja, as pessoas estão mais acostumadas a serem julgadas do que elaborarem soluções razoáveis, com a premissa de um maior número de escolhas e não necessariamente melhores.

Por outro lado, se é alimentada a falsa expectativa de que o mediador possa resolver tudo, o processo de mediação é fracassado. Muitas vezes envereda-se para um processo de conciliação, que nos casos familiares são pouco aplicáveis, visto que as resoluções dos conflitos são de curta duração, e, portanto, pouco úteis para relações com vínculos de longo prazo.

Nesse terreno incerto instala-se a prática do mediador com mais questionamentos do que respostas, porém, como a própria prática prevê, com um compromisso ético acirrado que impõe o contínuo processo reflexivo e de co-construção.

Pretende-se aqui abordar alguns pontos fundamentais e moduladores como princípios na metodologia desenvolvida na Pró-Mulher, Família e Cidadania que possam se somar à literatura sobre o assunto.

O recorte do artigo restringe-se a questões inerentes ao hiato entre a função do mediador e a do psicólogo, que exigem por parte do profissional que atua nesse espaço um processo de diálogo entre um campo de atuação e outro que, embora apresente pontos de proximidade, também contém pontos contraditórios do ponto de vista epistemológico e paradigmático.

Sobre a interpretação...

De maneira geral, pode-se dizer que a interpretação tem sido por excelência modo de ação do psicólogo, entendendo-se por interpretação o sentido latente existente nas palavras e nos comportamentos de um indivíduo (Laplanche e Pontalis, 1988).

Entretanto, como afirma Bleger (1964), toda interpretação fora do contexto de *timing* é uma agressão, e que parte da formação do psicólogo consiste, também, em aprender a calar. E, como regra de ouro (se é que elas existem), que tanto mais é necessário calar-se quanto maior for a compulsão para interpretar.

No caso da Mediação Familiar não existe um contrato com o cliente que autorize o mediador à interpretação, tampouco há uma "utilidade" para tal, ou seja, a interpretação no contexto da mediação é descabida e inócua.

Para o mediador que tem como formação básica a psicologia, muitas vezes torna-se difícil abrir mão do seu principal instrumento de trabalho, embora, por outro lado, também tenha sido submetido a um treinamento que inclui o calar e a escuta reflexiva que tende a favorecer o manejo da ansiedade e do impulso de imprimir ao outro o ritmo que lhe é peculiar.

Na prática desenvolvida na Pró-Mulher, Família e Cidadania tal entrave, durante um longo período, foi manejado pela atuação em co-mediação, ou seja, cada profissional com formação diversa à do outro, normalmente um advogado e um psicólogo, de forma que favorecesse o equilíbrio. Além disso, pode-se contar também com a equipe reflexiva que atua como uma supervisão horizontal.

Mediante esses recursos, co-mediação e equipe reflexiva, tornou-se mais fácil o auto-escrutínio e o manejo das inquietações provenientes do nicho entre a mediação e a psicologia.

Sobre o diagnóstico...

Além da interpretação, também não se realiza o diagnóstico no espaço da mediação. Esta é mais uma das dificuldades do psicólogo que atua como mediador, já que durante sua formação lhe é imputado todo um raciocínio interpretativo que lhe conduz a um diagnóstico.

Na mediação não existe um contrato terapêutico, de tratamento, e, portanto, não existe a premência do diagnóstico. O mediador não faz diagnóstico; sua presença provoca uma transformação real da qual não é o iniciador ou motriz. Estabelece ou restabelece uma comunicação deteriorada, é o gerenciador de conflitos (Six, 1997).

Ao contrário do que se pode imaginar, o raciocínio diagnóstico pode conturbar ou até mesmo invalidar o processo de mediação, já que este pode levar o mediador a tentar conduzir o diálogo, elencando o que julga ser mais importante, ou até mesmo arriscar-se a orientar os mediados tendo como base suas hipóteses, distanciando-se, dessa forma, da especificidade da mediação, que é conferir às partes a autoria do processo, seja de acordo ou não.

Quanto mais o mediador estiver desprovido de preconceitos, mais ele poderá ser empático com seus clientes, aproximando-se da realidade que lhe é apresentada.

Por outro lado, a habilidade do raciocínio diagnóstico é bem aplicada como *praxis*, uma vez que favorece o pensamento inquisitivo e curioso que pode ser útil na investigação dos interesses latentes e manifestos das partes.

Sobre a cura...

Como já dito, a mediação não se propõe a um tratamento, à cura. Compromete-se a acompanhar o diálogo de partes em conflito, sem a preocupação de intervir nos processos intrapsíquicos dos envolvidos; isso até pode ocorrer como decorrência e construção das partes, mas não por direcionamento do mediador.

Um dos principais pressupostos da mediação – a "realidade" não-dual – assinala a diferença entre a situação de conflito e de doença.

O conflito é encarado como inerente à condição humana, tendo em seu bojo a possibilidade para um salto qualitativo de mudança, sendo, portanto, nem bom nem ruim. Já o conceito de doença pressupõe um estado de não-doença, sendo o último um estado almejado, que justificaria intervenções pontuais com vistas à cura.

A mediação surgiu em meio a um contexto de litígio, mas hoje desvela-se seu caráter preventivo, muito mais associado aos conceitos de cidadania e qualidade de vida do que de cura ou ausência de doença.

Os psicólogos cada vez mais têm incorporado à sua identidade o conceito de saúde sob uma perspectiva global que percebe o indivíduo inter-relacionado de forma imbricada com todo o seu ecossistema, decorrendo daí o enfoque sobre a cidadania e a qualidade de vida. Distanciou-se do modelo das ciências naturais, do modelo médico que outrora orientou a sua prática e lhe conferia um raciocínio linear de doença–cura.

Dessa forma, os mediadores que têm como formação de base a psicologia apresenta certa facilidade na administração dessas questões, em sua maioria já depararam e administraram sua impotência diante de questões tão complexas que não se esgotam mediante tratamentos focais, tampouco ficam imobilizados e descrentes de sua prática. Mas realizaram uma reavaliação no seu "fazer" percebendo o cliente como agente, co-construtor do seu processo.

Sobre a(s) verdade(s)....

O psicólogo que atua na mediação depara com alguns questionamentos bastante inquisitivos e comuns aos dois campos. Estes são relativos a princípios ontológicos e epistemológicos.

Conforme Souza analisa (1994), a questão da verdade a despeito da tese kantiana de que não há fatos na natureza, e, por conseqüência, as leis lhe são impostas e não descobertas, pouco impacto teve sobre os cientistas em geral, que permaneceram buscando aproximações cada vez maiores da verdade.

O construtivismo, por outro lado, tem contribuído com esses questionamentos fundamentando-se na noção de que aquilo que se chama realidade não é algo lá fora, independente da ação do sujeito, mas, ao contrário, ambos engendram-se mutuamente (Souza, 1994).

Segundo Watzlawick (1988, p. 15):

> a realidade supostamente revelada é uma realidade inventada e seu inventor não tem consciência do ato de sua invenção, senão acredita que essa realidade é algo independente dele e pode ser descoberta, portanto, a partir desta invenção percebe o mundo e atua sobre ele.

O pensamento construtivista tem se evidenciado fundamental à prática da mediação. Não há como prezar pelo diálogo apesar das diversidades se a verdade e a realidade não forem consideradas relativas, ou melhor, posicionais e, então, poder-se falar em "Verdades e Realidades".

Não se pretende, por outro lado, defender posições niilistas ou solipsistas, já que o indivíduo depara com outros organismos igualmente autônomos e definidores de verdades e realidades.

Nesse sentido, o mediador percebe os mediados como co-construtores da realidade e porta-vozes de "verdades". Não cabe ao mediador inventar uma solução para seus clientes, simplesmente porque não existe uma solução boa, existem múltiplas soluções viáveis (Cobb, 1997). O ideal é que as pessoas encontrem as alternativas que lhe forem convenientes. O máximo que o mediador pode fazer é propor várias alternativas, quando estas não surgirem.

A mediação compartilha da ideologia da participação. O mediador não pode estabelecer as respostas; elas precisam ser inventadas.

Dessa forma, na mediação é possível somente realizar meta-acordos que são temporários, o foco é prático, com o objetivo voltado para a estabilidade e a segurança, e não necessariamente para a felicidade.

A função do mediador convém para aqueles que constatam que o mundo está em constante mudança, seu papel é criativo e inovador, embora conduza a uma série de incertezas, desconstruções e construções próprias da mobilidade dos organismos vivos.

A co-mediação

Na atuação dos técnicos da PMFC a co-mediação mostrou-se extremamente útil no desenvolvimento do trabalho. Sua eficácia foi observada em duas esferas de abrangência: a primeira relativa ao atendimento propriamente dito e a segunda ligada à "produção de conhecimento".

No tocante ao atendimento propriamente dito, parece estar ficando claro no desenvolvimento deste texto a complexidade de questões que se apresentam ao mediador na situação de mediação de ordem conceitual, prática (situação vivencial, concreta, trazida pela clientela) e ética.

Em relação à "produção de conhecimento", pelo trabalho em co-mediação, desvela-se uma oportunidade ímpar de se estabelecer um diálogo contínuo e dialético entre o fazer e o pensar a prática.

A prática demonstrou as vantagens de, na implantação do método, psicólogos e advogados trabalharem em parceria, já que as diferentes formações favoreceram a imparcialidade, o exercício de manejar as diversidades repercutindo sobre o atendimento propriamente dito, bem como sobre a reflexão a esse respeito. Atualmente os atendimentos são em sua maioria realizados por um único técnico, mas os casos são amplamente discutidos com a equipe reflexiva.

A equipe que reflete

Do mesmo modo que o trabalho em co-mediação, a equipe que reflete é fundamental ao exercício da mediação, de forma que garanta sua aplicabilidade, coerência e seu compromisso ético.

Como bem pontua Eliçabe-Urriol (1993), o trabalho em equipe apresenta-se como essencial ao êxito do trabalho de mediação. A equipe que reflete atua como uma supervisão horizontal e vem minimizar situações de conflito advindas de questões pessoais, teóricas ou práticas, oriundas do exercício da função de mediador. Esse espaço assegura a tranqüilidade, segurança e saúde do mediador, bem como a qualidade de atendimento à clientela.

A autopercepção e auto-reflexão são fatores importantes que aparecem de forma proeminente no exercício da mediação, sobretudo a familiar. No contexto de Mediação Familiar surgem situações que acabam por evocar sentimentos e/ou reminiscências no mediador que podem impeli-lo a desviar-se de sua função, muitas vezes tomando medidas auto-referenciais que não cabem no processo.

Bleger (1964), discorrendo sobre o entrevistador, diz que seu instrumento de trabalho é ele mesmo, sua própria personalidade, que participa inevitavelmente da relação interpessoal, com o agravante de que o objeto que deve estudar é outro ser humano, de tal maneira que, ao examinar a vida dos demais, se acham diretamente implicados a revisão e o exame de sua própria vida, de sua personalidade, seus conflitos e suas frustrações... O contato direto com seres humanos coloca o técnico diante de sua própria vida, seus conflitos, suas frustrações. Caso ele não consiga graduar esse impacto, sua tarefa se torna impossível: ou tem muita ansiedade e, então, não pode atuar, ou bloqueia a ansiedade e sua tarefa é estéril.

As observações do autor parecem se aplicar bem às especificidades do atendimento do mediador, advertindo-se para a importância do reconhecimento, da autopercepção desses conteúdos, para que o mediador possa administrá-los, podendo, inclusive, optar por não acompanhar o caso.

Para tanto é preciso que o mediador tenha maturidade pessoal e "profissional" a fim de poder reconhecer seus limites, reiterando mais uma vez a importância do trabalho em co-mediação e a equipe reflexiva, além de um possível e, em alguns casos, recomendado processo psicoterapêutico que possa colaborar com o autoconhecimento.

Abordagens do conhecimento Psi

A prática da mediação vem constituindo-se em um espaço interdisciplinar agregando conhecimentos oriundos de diversos campos científicos. Em seu desenvolvimento vem concatenando diversas técnicas de acordo com o espaço onde se circunscreve, tais como: técnicas de negociação, comunicação, pensamento sistêmico, processo reflexivo, visão construtivista/construcionista social, teoria das narrativas, redes sociais, entre outros.

Os diversos modelos existentes de mediação (Harvard, Transformativo, Narrativo, Dinâmico) convergem no seu potencial transformativo na medida em que convidam à cooperação, interação, inter-relação e co-autoria; são instrumentos de competência.

A psicologia contribui com algumas abordagens importantes, embora seja prudente ressaltar que a mediação não é uma intervenção psicológica, distanciando-se radicalmente em termos de objetivos, procedimentos e resultados.

Tal assertiva parece evidente e/ou redundante quando se tem como referencial a mediação aplicada a campos diversos, tais como: empresarial, ambiental, escolar e outros. O mesmo não se dá quando o foco é a Mediação Familiar. Nessa área toda sorte de equívocos emerge, já que as fronteiras entre a Mediação Familiar e a psicologia são tênues, devido à própria complexidade e diversidade da atuação do psicólogo sobre as questões familiares, que podem passar desde a psicoterapia familiar, propriamente dita, até a orientação, o aconselhamento ou a entrevista psicológica. Além do fato de que no processo de Mediação Familiar emerge todo um sistema complexo de relações, que muitas vezes suscitam a tratativa de questões emocionais, já que vem à baila todo um histórico de intimidade, propriedades e filhos comuns, bem como padrões de conduta rigidamente estabelecidos: questões de gênero, segurança e violência. Entretanto, a mediação não pode e não deve entrar na análise dos problemas emocionais subjacentes às famílias. O foco do trabalho está no nível das narrativas, pretende-se a mudança nas narrativas, o espaço é o inter-relacional e não o intrapsíquico, as emoções são trabalhadas de forma indireta (Eliçabe-Urriol, 1993; Cobb, 1997).

Como afirma Eliçabe-Urriol (1993), convém precisar que a Mediação Familiar não é uma terapia psicológica nem aplica suas técnicas, todavia o mediador não pode desconhecer algumas das abordagens da ciência psicológica para poder compreender melhor a situação, oferecer técnicas de negociação mais adequadas à característica pessoal das partes e sustentar-se em sólidos conhecimentos do tema, sabendo ainda discriminar os conflitos da família em crise e os seus próprios. Em outras palavras, pode-se dizer que o mediador deve ter elementos para conhecer, saber e entender o que está acontecendo com a família para poder decodificar o conflito e oferecer propostas de negociação (e não resolução) que tenham a ver com a realidade manifesta e latente das pessoas envolvidas no conflito.

Cobb (1997) ressalta sobretudo a diferença de contrato estabelecida na terapia familiar e na Mediação Familiar, já que a primeira tem uma responsabilidade com o final do processo e com um diagnóstico e a última centra-se na narrativa e na co-construção das partes. Na mediação os acordos são concretos e específicos, diferentemente da intervenção psicológica, que visa aliviar os sintomas e preservar o processo, embora argumente que muitas vezes os princípios são comuns.

Assim sendo, parece estar claro que diferentes autores, partindo de contextos diversos, convergem e são unânimes quanto ao limiar entre a psicologia e a Mediação Familiar.

A seguir serão arrolados alguns dos eixos temáticos desenvolvidos no escopo da psicologia e que devem ser de domínio do mediador, independentemente da sua formação acadêmica inicial.

Evidentemente, não se tem a pretensão de discorrer sobre cada eixo temático na sua complexidade e nuanças desenvolvidas nas diversas correntes da psicologia, mas de poder sinalizar os principais conteúdos dentro da especificidade da prática da mediação, servindo como uma indicação para futuros estudos.

Conflitos

As diversas correntes da psicologia têm se dedicado ao estudo dos conflitos intrapsíquicos e interpessoais. Apesar das diferenças epistemológicas entre as várias abordagens psicodinâmicas, parece ser consenso que a presença de conflito psíquico é denotada quando no indivíduo se opõem exigências internas contrárias. O conflito pode ser manifesto (entre um desejo e uma exigência moral, por exemplo, ou entre dois sentimentos contraditórios) ou latente, podendo este se exprimir de maneira deformada no conflito manifesto e traduzir-se designadamente pela formação de sintomas, desordens do comportamento etc. O conflito é considerado constitutivo do ser humano nas diversas perspectivas (Laplanche e Pontalis, 1988).

No âmbito da mediação não há espaço nem se exige formação por parte do mediador que o habilite a trabalhar com os conflitos intrapsíquicos. Em primeiro lugar, devido à própria definição de atuação do mediador que lhe confere o papel de co-construtor do processo, não sendo sua função fornecer hipóteses diagnósticas ou levar o cliente a desvelar suas questões intrapsíquicas. Em segundo lugar, porque o trabalho do mediador é circunscrito, objetivo, definido com base na problemática apresentada por sua clientela. No entanto, o mediador deve estar ciente de que podem existir processos intrapsíquicos atuando em determinadas circunstâncias e que, no caso, ele deveria poder contar com a assessoria de um técnico habilitado a intervir sob essas questões num processo paralelo ao da mediação.

Por outro lado, o mediador deve se apropriar do conhecimento psicológico sobre as modalidades de conflitos: latentes e manifestos, já que estes freqüentemente subsidiam os conflitos interpessoais que são de fato o objeto da mediação.

Os estudos sobre os conflitos interpessoais na psicologia, em sua maioria, têm como meta a identificação dos motivadores, as formas de reação, a administração e a prevenção da situação de conflito.

A psicologia tem desenvolvido formas de trabalhar com os conflitos suprimindo a conotação de "doença", que muitas vezes lhes foi imputada, encarando-os, por outro lado, como algo intrínseco à condição humana. Cabe ao profissional da área psicológica acompanhar o seu cliente na desconstrução dos padrões de relacionamento desencadeadores de conflito, para que ele possa ampliar o seu repertório ganhando em autonomia de ação.

Esses marcos teóricos são de grande importância para a atuação do mediador, assim como a literatura sobre mediação (Cobb, 1997) aponta outros referenciais básicos para a compreensão dos conflitos familiares, a saber: os processos de comunicação na família, o ciclo de vida familiar (papéis e regras) e os processos de mudança (como serão trabalhados posteriormente).

A literatura (Six, 1997; Eliçabe-Urriol, 1993) identifica algumas estratégias conceituadas como básicas em resposta aos conflitos, que são: a negação, o enfrentamento e a negociação. Decorrendo para o estudo das repercussões dessas atitudes para o relacionamento interpessoal dos indivíduos envolvidos. Essa produção de conhecimento é muito útil ao mediador.

É importante que o mediador reconheça que os conflitos são componentes básicos do relacionamento humano, estando sempre presente dentro de uma perspectiva espacial e relacional. Dessa forma, rompe-se com o paradigma que traz uma conotação negativa para o conflito, já que por intermédio dele há possibilidade de crescimento e ampliação mediante o convívio com as diversidades. Além disso, cabe ressaltar que os conflitos fazem parte do estado evolutivo da vida e, portanto, não devem ser valorados, pois eles permeiam a existência humana de forma contínua.

Dificilmente os conflitos que se instalam nas relações interpessoais se expressam de forma aberta e manifesta; com freqüência são deflagrados por circunstâncias específicas e são explicitados parcialmente. Tratando-se da Mediação Familiar, torna-se difícil trabalhar apenas com os conflitos manifestos, pois existe um relacionamento prévio e posterior entre as partes que será embasado pelo manejo dos conflitos latentes. Cabe ao mediador juntamente com os seus clientes conseguir demarcar os reais *interesses* subliminares que estão sendo ameaçados e suscitando o conflito, embora seja relevante frisar que os conflitos não seguem uma linearidade, não sendo possível indicar qual é o seu início ou o culpado. O uso de perguntas circulares[1] favorece a emergência de *interesses* ocultos.

Os conflitos podem ser objetivos ou subjetivos, lembrando que muitas vezes os últimos atuam sobre os primeiros, impedindo a sua resolução. Cabe diferenciar os interesses pessoais subjetivos de interesses emocionais; os últimos estão contidos nos primeiros, mas não abarcam a sua complexidade que engloba outros componentes, como: *background* sociocultural, educacional, sistema de crenças, valores, entre outros.

---

1. Criadas na Escola de Milão, no campo da terapia familiar (1970). Utilizadas na mediação visando assinalar que acontecimentos não são eventos fixos, mas integram processos que estão sempre se reconstruindo.

Outrossim, existem conflitos que, na verdade, são instalados com base em mal-entendidos; na situação familiar essa característica é muito comum – "pessoas falando da mesma coisa de formas diferentes" –, as pessoas se opõem, sem que possam se ouvir realmente.

De maneira geral, pode-se dizer que um conflito é instalado quando o indivíduo se sente ameaçado na sua integridade, no que constitui a sua identidade, ou seja, quando há um desequilíbrio na satisfação de suas necessidades básicas.

Quando um terceiro elemento, o mediador, é introduzido no processo de negociação, confere legitimidade a cada uma das partes, reconhecendo-as na sua identidade e fornecendo equanimidade entre elas. Dessa forma, favorece a quebra de impasses à medida que coopera com o estabelecimento da empatia recíproca, que, por sua vez, flexibiliza a cristalização de posições facilitando a negociação.

Para tanto é imprescindível que o mediador tenha familiaridade com o dinamismo dos relacionamentos familiares e da comunicação (conforme será abordado posteriormente) para contribuir no processo de mediação, apresentando outras narrativas para os envolvidos.

A narrativa perde o foco binário quando um ou outro tem a razão, ou o direito é de um ou de outro, o foco passa a ser o *interesse*, por exemplo: querer ficar com a casa não porque se tem direito, mas para proteção dos filhos. É função do mediador ampliar as respostas das pessoas: querer proteger a continuidade dos filhos na mesma escola, manter os amigos etc., e não simplesmente não querer sair da casa, ou ainda, não sair porque o outro foi ou é o errado.

É fundamental que possa haver a distinção entre o conflito e o relacionamento pessoal de cada um dos envolvidos. Isso se torna um dos grandes entraves na Mediação Familiar, sobretudo nas questões ligadas à situação de separação ou divórcio, na qual subjaz todo um envolvimento emocional e uma estrutura familiar em crise que traz uma conotação afetiva a essa situação. Os problemas devem ser tratados de forma objetiva, havendo, por outro lado, o respeito mútuo entre as pessoas, tendo como premissa básica que não existe certo e errado, a avaliação é posicional.

Do arcabouço teórico da psicologia são utilizadas estratégias para abordar os conflitos, que sugerem que se trabalhe dos conflitos mais simples aos mais complexos, garantindo assim o nível motivacional das partes, tornando visível para elas sua capacidade de resolver os vários desdobramentos da problemática de forma não adversarial.

O mediador deve ter a habilidade de identificar as áreas de insegurança de cada uma das partes. Cabe ainda investigar quais os interesses de seus clientes e suas necessidades, bem como identificar as "comunalidades", tendo como princípio a busca da segurança das partes, ou seja, como cada um pode se proteger. Para tanto é importante que seja desenvolvida a empatia entre as partes, ou seja, que cada um possa se colocar no lugar do outro, tendo como objetivo uma negociação positiva para as duas partes.

A comunicação

O método da mediação é usado, sobretudo, em circunstâncias cuja problemática está atrelada à comunicação e às inter-relações. Daí decorre a importância da dedicação ao estudo da comunicação.

Apesar de a comunicação não ser um objeto desenvolvido no escopo da psicologia, foi incorporada a sua prática, decorrendo para um novo corpo teórico-prático. O início dessa revisão apoiou-se na Teoria Geral dos Sistemas (Von Bertalanffy) e na cibernética (Wierner, 1971).

Ludwig von Bertalanffy concebeu a Teoria Geral dos Sistemas com o objetivo de fornecer um modelo de trabalho que permitisse a conceituação de fenômenos que não encontravam explicação por meio do reducionismo da ciência clássica, privilegiando a visão da causalidade circular para explicar os fatos.

A Teoria Geral dos Sistemas encontra aplicação tanto nas ciências naturais quanto nas sociais, utilizando conceitos como totalidade, inserção dinâmica e outros.

A compreensão dos conceitos da Teoria Geral dos Sistemas é facilitadora à medida que se conhece a teoria da comunicação humana. Pelo estudo de como as partes do sistema interagem e se comunicam podemos perceber as inter-relações entre os diferentes sistemas.

O conhecimento da comunicação proporciona a avaliação dos processos de troca de informações. Dentre os vários princípios da teoria da comunicação, estudados por Watzlawick, Beavin e Jackson (1966), o da retroalimentação-*feedback* é de grande importância para a Mediação Familiar. Considerando que as trocas são circulares, pode-se dizer que nos sistemas interpessoais o comportamento das pessoas afeta e é afetado pelo de cada um dos demais. Os sistemas interpessoais podem ser considerados, então, circuitos de retroalimentação. O *feedback* é considerado positivo quando a informação provoca uma mudança, há perda da estabilidade pela ruptura da homeostase. Ou negativo, quando a informação é usada para estimular os mecanismos homeostáticos. Um e outro não são, em si, bons ou maus; ambos têm de existir dentro de certa complementaridade.

Outro conceito a ressaltar é o da metacomunicação: comunicação a respeito da comunicação. Em famílias, muitas vezes, acontecem discussões em que ninguém se entende, é "uma confusão total". Parece que todos querem dizer a mesma coisa, mas não se entendem. Há uma impossibilidade de metacomunicar, explicar algo a respeito da comunicação, dos processos interacionais que estão ocorrendo.

Segundo Bateson, "o relacionamento de um casal ajustado deverá se caracterizar sempre por uma alternância de interações simétricas e complementares" (1971).

Ainda cumpre salientar a teorização sobre a Cibernética de Segunda Ordem, que favoreceu a compreensão dos sistemas evolutivos, os quais têm como característica básica o potencial de transformação, que, por sua vez, levou ao desenvolvimento de técnicas de trabalho familiar que se utilizam do próprio potencial de desenvolvimento da família, ampliando a sua capacidade de mudança. Acrescentou a noção de mudança, permitindo definir dois processos diferentes: a mudança de primeira ordem ou anulação automática do desvio, *feedback* negativo, que tem uma característica conservadora, e a mudança descontínua ou de segunda ordem, que produz uma nova organização do sistema, um novo patamar de realização (Souza, 1994).

A mediação objetiva a construção de uma base para a mudança de segunda ordem, requer a definição da relação (construindo uma nova história e um novo futuro).

Todos esses constructos acabam por subsidiar o trabalho terapêutico com famílias, sendo o seu principal instrumento a conversação e a compreensão da narrativa, cujo objetivo tornou-se gerar propostas de pontos de vista alternativos ou novas conotações, pelas quais a família possa desenvolver novas perspectivas que não tragam consigo comportamentos sintomáticos ou problemáticos.

Da mesma forma, esses pressupostos sustentam a prática da Mediação Familiar, já que dão subsídios para compreender as interações humanas e, dentre essas, os sistemas familiares, ocasionando, portanto, forte aproximação e conseqüentes equívocos entre a Mediação Familiar e a terapia familiar.

Ao mediador é imprescindível o domínio desses conceitos a fim de exercer sua prática, reconhecendo as tramas comunicacionais no seu nível verbal e não-verbal. É importante que domine algumas técnicas, tais como: perguntas circulares reflexivas, a não-utilização de perguntas binárias, usar a conotação positiva, enquadres e reenquadres do problema para o favorecimento de cada uma das partes e, por outro lado, a evitação de perguntas que enfraqueçam uma das partes, ou que reafirmem narrativas sociais (do tipo a mãe tem de ficar com a guarda dos filhos).

De acordo com Omer (1997) a importância da emissão de mensagens empáticas não reside na pretensão de chegar à descrição objetiva do que o cliente está descrevendo, mas de poder imaginar o que o cliente está sentindo, pela construção. Busca-se o sentido da narrativa do cliente, sua lógica interna positiva – isso representa um ato de apoio (narrativa empática) –, e em seguida emite-se um desafio mediante perguntas circulares, reflexivas sobre o ônus do cliente em manter determinada posição segundo os valores deste.

O mediador explicita o poder do outro, contém a crise decorrente e apazigua pelas conotações positivas. Poder encarar o divórcio como uma escolha para viver melhor amplia o sentido de, por exemplo, se viver o fracasso de um casamento.

A presença do mediador transforma em público o privado, propõe uma alteridade que modifica muitas vezes a atitude do outro convidado a participar (Eliçabe-Urriol, 1993). Da mesma forma é oportuno que o mediador tenha conhecimento dos dinamismos grupais, como a formação de alianças, tão comumente evocadas nesse tipo de atendimento, assim como é muito comum na terapia familiar.

Cabe ao mediador, bem como ao psicólogo, manter-se em uma posição imparcial, reservando-se nesse momento a mostrar-se atento sem julgar ou valorar o discurso dos clientes. O mediador deve fazer transparecer um espaço neutro para as partes envolvidas. Aí reside a possibilidade de a dinâmica grupal poder sair do seu estado de rigidez e as funções de crescimento apresentarem variáveis mais flexíveis.

A função do mediador não é arbitrar ou conciliar, resolvendo os conflitos com soluções impostas, mas sim facilitar a comunicação, traduzir o que é inescutável para o outro, ordenar as reclamações e os desejos para que possa ser compreendido pela outra parte, consolidar as coincidências e ajudar a trabalhar as divergências.

A escuta...

Independentemente da vertente teórica da psicologia, todas enfatizam e prezam o desenvolvimento da escuta psicológica. Trata-se de um treino, desenvolvido durante a formação do profissional e que se estende nas especializações e supervisões. Procura desenvolver um movimento dialógico no qual o técnico estabelece um diálogo interno, ponderando e suspendendo suas pressuposições e buscando apenas ouvir o seu interlocutor dentro do seu significativo completo.

Cobb (1997) considera a "escuta ativa" uma das primeiras estratégias para facilitar o processo e promover a participação das partes no processo de mediação.

Eliçabe-Urriol (1993) afirma que a todo momento a ideologia do mediador, sua classe social, sua origem educacional e sua formação universitária estarão influenciando o seu sistema de pensamento, ação e sensação que o definirá de certa maneira e esta determinará sua forma de pensar. Por isso o reconhecimento dessa situação e a adequada formação tentam assegurar a "escuta ativa", com "objetividade", ou seja, a medida do possível descontaminada de pré-concepções.

Na prática da mediação não é esperado que o mediador esclareça ou oriente, mas, ao contrário, que permaneça a maior parte do tempo ouvindo as diversas narrativas construídas pela problemática apresentada. Sua escuta não tem como meta chegar a conclusões sobre como resolver o caso, apenas manter-se aberto a ouvir.

É importante que o mediador, perante essa escuta, possa identificar o tom emocional subjacente sendo empático com ele.

A percepção/sensação...

A interdependência e inter-relação, o condicionamento recíproco de condutas, se realizam pelo processo da comunicação, entendendo-se por isso o fato de a conduta de um (consciente ou não) atuar (de forma intencional ou não) como estímulo para a conduta do outro e, por sua vez, esta última reatuar como estímulo para as manifestações do primeiro. Nesse processo a palavra tem um papel de enorme gravitação. No entanto, também a comunicação pré-verbal intervém ativamente: atitudes, timbre e tonalidade afetiva da voz etc.

O tipo de comunicação que se estabelece é altamente significativo da personalidade do entrevistado, especialmente do caráter de suas relações interpessoais, ou seja, da modalidade do seu relacionamento com seus semelhantes... Interessam particularmente os momentos de mudança na comunicação e as situações e os temas diante dos quais ocorrem, assim como as inibições, interceptações e os bloqueios. O tipo de comunicação não é importante apenas por oferecer dados de observação direta, que inclusive podem ser registrados, mas porque é o fenômeno-chave de toda relação interpessoal (Bleger, 1964).

Muitas das coisas que não são ditas são expressas por intermédio do corpo. Saber lê-las e traduzi-las em palavras ou ações é de grande utilidade para a dinamização do trâmite da mediação. A capacidade de ler o subtexto da mensagem verbal também é extremamente útil. É algo que difere da interpretação psicológica, assemelha-se ao que ocorre no teatro, onde muitas vezes se diz sim querendo dizer exatamente o contrário.

Eliçabe-Urriol (1993) expõe sobre a importância de um bom conhecimento do próprio corpo, de suas percepções e emoções, assinala que um trabalho intenso na linguagem corporal permite uma visão como atividade habitual, sendo isso de utilidade essencial para elaborar a metodologia exposta.

A escuta do contexto... a narrativa...

O mediador deve ter ciência de que a palavra, o discurso, a história, a organização dos fatos têm a ver com a intenção de convencer o outro, levá-lo a acreditar.

Como pontua Madanes (1997), os fatos da vida são contados para surpreender, impressionar, disputar simpatia, fazer o outro sentir-se superior, conseguir ajuda e como metáforas de outras mensagens.

Interromper a narrativa do outro é tolhê-la em sua riqueza, não se sabe o que é o essencial, não existe um diagnóstico prévio ou pontos-chaves a serem investigados.

A autora acredita que quando alguém conta sua história está assumindo a autoria sobre sua vida. Esse processo consiste em selecionar exatamente o que os outros devem tomar conhecimento sobre as experiências, construindo uma versão coerente do passado por meio da seleção de informações e organizando essa seqüência da experiência de determinada maneira. Motivações, causas, explicações e interpretações são oferecidas como parte da narrativa.

A proposta é que o mediador possa ajudar a compor novas histórias e narrativas desconstruindo as primeiras, desencadeadoras de conflito na relação dos mediados.

Discriminação de casos-limite

Os vários modelos de mediação estão de acordo no seguinte: nem todas as situações de conflito são mediáveis, embora existam divergências quanto aos critérios para tal determinação.

Eliçabe-Urriol (1993), de maneira sintética, parece conseguir agregar os principais pontos; são eles: a falta de desejo real por alguma das partes de que o processo seja levado adiante; a impossibilidade de uma das partes não poder gozar de livre-arbítrio (alguns autores incluem aqui as patologias psíquicas graves que comprometem a capacidade de cumprimento da norma interna, externa e a conduta); a não-eqüidade entre as partes.

Já os autores que trabalham sob os pressupostos do modelo narrativo, como Cobb, acreditam que não é preciso o conceito de psicopatologia, pois já que se vai trabalhar na narrativa, daria no mesmo. Segundo o modelo pós-moderno, a psicopatologia é relativizada, porque se questiona o que é a realidade, qual é a origem do problema, uma que o problema é construído no espaço inter-relacional, estando no espaço interpessoal e não no espaço psicológico. Dessa forma, a responsabilidade do mediador é somente com o processo que contém o conflito.

Na Pró-Mulher, Família e Cidadania, apesar de se compartilhar dos pressupostos do Modelo Circular Narrativo, tem-se percebido que, embora os sintomas e as patologias estejam nas inter-relações, o espaço da mediação não é fórum para se trabalhar essas questões e, por outro lado, não há como dar andamento à mediação se todos os envolvidos não gozarem de eqüidade e autonomia.

A neutralidade e a imparcialidade...

A neutralidade e a imparcialidade são temas que sempre perpassam os estudos psicológicos, seja para descrever a atitude do clínico ou do pesquisador. Na mediação também são temas recorrentes, lembrados em todos os foros.

Berg e Smith (1988), discorrendo sobre a pesquisa qualitativa, afirmam que o reconhecimento da impossibilidade da neutralidade propicia ao pesquisador uma liberdade maior e o desenvolvimento da autocrítica, levando à reflexão das implicações pessoais que inevitavelmente influenciam o envolvimento do pesquisador na atividade e, ao mesmo tempo, promovem informações sobre a dinâmica individual e social do sistema que está sendo estudado. O processo de autocrítica é difícil e complexo precisamente porque ambos, o pesquisador e o pesquisado, estão simultaneamente influenciando um ao outro.

Eliçabe-Urriol (1993) faz afirmações semelhantes quando descreve o processo de Mediação Familiar. Pontua que não existe a possibilidade de um terceiro objetivo e neutro. Afirma que ao fazer a Mediação Familiar entra-se em um campo muito específico, já que todo mediador tem uma família de origem e família atual, em ambas têm existido e existem conflitos de diferentes naturezas que o impedem de ver e escutar os problemas sem nenhum grau de identificação, emoção e tendência à parcialidade. E afirma ainda que não existe objetividade em nenhuma atividade humana. Se assim o fosse significaria a dissociação da pessoa em três níveis totalmente diferenciados, como sentir, pensar e fazer, com grau tal que um não influi no outro. Ao contrário, uma boa integração das três áreas permite detectar em um plano consciente suas próprias tendências, inclinações temporárias sob uma das partes, projeções individuais que promovem minialianças etc.

Essa condição, se estiver no plano da consciência, permite uma elaboração, uma discussão com a equipe de trabalho com a possibilidade de se chegar a uma atitude que seja o mais imparcial possível.

Isso implica a necessidade do autoconhecimento por parte do mediador e uma correta discriminação entre o mundo interno e o externo.

O reconhecimento da impossibilidade da neutralidade acaba por assegurar a imparcialidade, uma vez que potencializa o processo auto-reflexivo e auxilia o técnico a estabelecer uma meta em relação à situação que lhe é apresentada, evitando, dessa forma, interferir no processo de mediação com o seu sistema de valores e crenças.

Em muitos momentos, o mediador sente a necessidade de recorrer a outros profissionais, a fim de intervirem ou subsidiarem o processo de Mediação Familiar. Os advogados podem atuar, por exemplo, como peritos legais, ou como consultores dos pais, e os psicólogos, como representantes dos interesses das crianças ou como terapeutas familiares; já o mediador, independentemente de ter como formação de base uma dessas especialidades, deve atuar como o coordenador do processo (interesses e necessidades das crianças e parentais).

Na Pró-Mulher, Família e Cidadania pode-se contar com uma equipe interdisciplinar que se articula de forma que seja possível um prestar retaguarda ao outro, sem, no entanto, confundirem-se as funções. Diante de um caso estabelece-se um fluxo no qual garante-se que haja um profissional na função de pré-mediador, outro na de mediador e, de acordo com a necessidade, pode-se contar também com o advogado, o assistente social e o psicólogo.

Considerações finais

Este artigo tem um caráter auto-reflexivo e ao concluí-lo é possível perceber o seu eco. Para quem o escreveu traz certo alívio, já que a sistematização tem o poder de objetivar uma série de sentimentos, dúvidas e elucubrações de maneira que facilite a sua inteligibilidade.

Embora o caminho de construção seja árduo, traz muita gratificação, porque é possível se perceber nele e, além disso, perceber que ao mesmo tempo em que se está constituindo o processo, a recíproca é verdadeira, numa relação sistêmica entre o fazer e quem o faz.

Daí, é provável decorrer a "paixão" tão costumeiramente declarada por quem a está aplicando.

Cumpre ainda ressaltar que cada uma das disciplinas tem o valor de um processo. A maneira de conhecer o mundo de cada uma das disciplinas restringe outras formas de conhecimento, limita formas de ver o mundo, é um recorte da realidade. Assim, cada profissional deve estar atento ao seu recorte e ser coerente com ele, sabendo do seu limite e das verdades posicionais.

Referências bibliográficas

ALCARO, M. R. "Mediación familiar: El mediador Y los interesses en juego en la mediación – El interés de las partes y el menor, familiar e general. In GOTTHEIL, J.; SCHIFFRIN, A. (Orgs.). *Mediación: una transformación en la cultura*. Buenos Aires, Paidós, 1996.

BATESON, G. *Mente e natureza: a unidade necessária*. Rio de Janeiro, Francisco Alves, 1986.

BATESON, G. *Steps to an ecology of mind*. Nova York, Ballantine, 1971.

BERG, David N.; SMITH, K. K. "The clinical demands of research methods". In: *The self in social inquiry*. Califórnia, Sage Publications, 1988.

BERTALANFFY, Ludwing Von. *General system theory*. Nova York, Braziller, 1968.

BIASOTO, L. G. A. P. *Violência conjungal: Um estudo de caso*. Dissertação de mestrado. Psicologia Clínica, PUC/SP, 2002.

BLEGER, José. "A entrevista psicológica: seu emprego no diagnóstico e na intervenção". In *Temas de psicologia*, São Paulo, Martins Fontes, 1964.

BRUNER, J. *Atos de significação*. Porto Alegre, Artes Médicas, 1997.

CARDEÑAS, E. J. *La mediación en conflictos familiares*. Buenos Aires, Ed. Lumen Humanitas, 1999.

CARTER, Betty; MCGOLDRICK, Monica. *As mudanças no ciclo de vida familiar*. Porto Alegre, Artes Médicas.

COBB, Sara. Diálogo Internacional – Encontro promovido pelo Centro Latino-Americano de Mediação e Arbitragem, São Paulo, Brasil, 1997.

COSTANTINO, Cathy A. & MERCHANT, Christina S. *Diseño de sistemas para enfrentar conflitos*. Barcelona, Granica, 1997.

ELIÇABE-URRIOL, Daniel J. B. *Ensayo: mediación familiar interdisciplinaria*. Madri, Editorial Asociación Interdisciplinaria Española Estudios de Familia, 1993.

ELKAÏM, M. *Se você me ama, não me ame. Abordagem sistêmica em psicoterapia familiar e conjugal*. São Paulo, Papirus, 2000.

FOLGER, J. P.; BUSH, R. A. B. "Ideología, Orientaciones respecto del conflicto y discurso de la mediación". In: FOLGER, J. P.; JONES, T. S. (orgs.). *Nuevas direcciones en mediacíon. Investigacion y perspectivas comunicacionales*. Buenos Aires, Paidós, 1997.

JUNG, N. *Family mediation; for or against women?* 3 WMF, Itália, 2000.

LAPLANCHE J.; PONTALIS, J. B. *Vocabulário de psicanálise*. São Paulo, Martins Fontes, 1998.

LITLLEJOHN, S. W.; SHAILOR, J.; PEARCE, W. B. "La estrutura profunda de la realidad en la mediación". In: FOLGER, J. P.; JONES, T. S. (orgs.). *Nuevas direcciones en mediacíon. Investigacion y perspectivas comunicacionales*. Buenos Aires, Paidós, 1997.

MADANES, Cloé. *Sexo, amor e violência: estratégias para a transformação*. São Paulo, Ed. Psy, 1997.

MADANES, Cláudio. *O significado secreto do dinheiro*. São Paulo, Ed. Psy, 1997.

MASLOW, Abraham H. *Introdução à psicologia do ser*. Rio de Janeiro, Livraria Eldorado, 1968.

OMER, Haim. Workshop "A formulação da mensagem terapêutica". Encontro promovido pela APTF-SP, Brasil, 1997.

SIX, J. *Dinámica de la mediación*. Barcelona, Paidós, 1997.

SOUZA, R. M. *Paternidade em transformação, o pai singular e sua família*. Doutorado em Psicologia Clínica – PUC-SP, 1994.

SUARÉS, M. *Mediación. Conducción de disputas, comunicación y técnicas*. Buenos Aires, Paidós, 1996.

VEZZULA, Juan Carlos. Curso Básico de Formação de Mediadores. Instituto de Mediação e Arbitragem do Brasil, mimeo, 1998.

VICENTE, R. G. *Ruim com ele, pior sem ele? Uma investigação com mulheres vítimas de violência*. Dissertação de mestrado, Psicologia Clínica, PUC-SP, 1999.

WATZLAWICK, P. *La realidad inventada*. Buenos Aires, Editorial Gedisa, 1988.

WIENER, Norbert. *Cybernetics*. Cambridge, Mass, Mit Press, 1971.

____________; BEAVIN, J. H.; JACKSON, D. D. *A pragmática da comunicação humana. Um estudo dos padrões, patologias e paradoxos da interação*. São Paulo, Cultrix, 1966.

____________; WEAKLAND, J. H.; FISCH, R. *Mudança. Princípios de formação e resolução de problemas*. São Paulo, Cultrix, 1977.

8

Psicanálise e mediação: uma possibilidade de escuta

MARTA QUAGLIA CERRUTI

As observações e as considerações teóricas apresentadas neste texto surgiram pela experiência de atender mulheres em grupos de pré-mediação. Essas mulheres procuram a Pró-Mulher, Família e Cidadania a fim de iniciar ou dar andamento a algum processo jurídico – tal como divórcio, reivindicação de pensão de alimentos para os filhos, reconhecimento de paternidade – ou por estarem sofrendo algum tipo de violência, seja física ou moral.

Os grupos de pré-mediação para mulheres são assim denominados por serem uma etapa intermediária entre a procura de advogados para formalizar as questões jurídicas que as trazem para a instituição (no caso da procura feita pelas mulheres) e o início do processo de mediação. Desde o momento em que chegam, ou seja, na própria triagem feita pelas assistentes sociais, a mediação lhes é sugerida como uma alternativa para tentar solucionar seus impasses de forma não adversarial.

O principal objetivo desses grupos é acolher as mulheres e prepará-las para o processo de mediação, em que as partes deverão se encontrar e "negociar" suas próprias soluções para o conflito em questão. A experiência nos mostrou que inserir esses casais, tão saturados de mágoas e ressentimentos, diretamente em um processo que deveria ser pacífico é, no mais das vezes, ineficaz. Isso porque submeter-se a mediação requer uma disponibilidade mínima de escutar o outro, e essas mulheres, ao nos procurarem, têm convicção de que detêm toda a razão e de que seus ex-companheiros não merecem sequer ser ouvidos, nem por nós nem por elas.

As histórias que surgem no grupo são diversas: mulheres que estão em uma relação conjugal violenta há anos, mulheres cujos companheiros são alcoólatras ou usuários de drogas, mães solteiras de crianças cujos pais se recusam a assumir a paternidade, jovens que engravidam e são abandonadas. Em sua maioria, falam muito sobre sua decepção com os homens – *são todos iguais, não estão nem aí pra gente e para os filhos.* Apresentam-se como mulheres que sacrificaram tudo pelo amor e pela harmonia conjugal, e receberam o abandono, a violência e a negligência como resposta. O mais curioso, entretanto, é que num primeiro momento, na situação de triagem, essas queixas de violência quase não aparecem – o motivo declarado está sempre ligado à necessidade de um atendimento jurídico –, mas, no decorrer dos encontros de pré-mediação vão ganhando suas verdadeiras dimensões. Não estou certa sobre as razões ou os motivos dessa primeira omissão (vergonha, não-identificação do fenômeno, negação...), já que as narrativas que ouço no grupo são, no mais das vezes, dramáticas e o seu sofrimento, legítimo.

O que pretendo discutir, neste artigo, refere-se às minhas observações a respeito desse estado de infantilização, desse lugar de fragilidade, em que elas se apresentam, quase sem condições de gerir a própria vida. Fui buscar meus referenciais teóricos nos conceitos que a psicanálise oferece, em parte porque se trata de um campo de conhecimento mais familiar para mim e, em parte, porque venho procurando novas formas de compreensão para um fenômeno tão complexo e já tão exaustivamente discutido de outros pontos de vista.

Há anos a mulher vem adquirindo o direito de existir socialmente, deixando de ser apenas complemento do homem, buscando sua autonomia. Adquirir autonomia, porém, requer apropriar-se de um saber sobre si e sobre o outro. Como já foi dito, nosso intuito na PMFC é tratar a violência não como fato unilateral, mas como fenômeno inserto numa relação. Isso requer que a escuta de nossa clientela se amplie para que possam sair de sua posição vitimizada e se perguntar: "O que o outro está querendo dizer?". Poder escutar o outro é um caminho que permite a possibilidade de se desconstruir e reconstruir uma narrativa parcial, senão anacrônica no sentido da sua pouca utilidade. Ou seja, a mudança da visão, ou revisão, da história unilateral que uma mulher possa ter construído sobre suas relações lhe abre uma nova possibilidade: a de abandonar uma posição queixosa e vitimizada, que limita a sua capacidade de ação e de produzir novas perspectivas para si, mudando o rumo de sua história.

Marinês Soares (1997) define um modelo de mediação que visa à melhora da comunicação entre as partes envolvidas no conflito. A mediação, assim definida, é um processo de fortalecimento da comunicação, pois tem como base o pressuposto de que a impossibilidade de escuta mútua tende a trazer, como resposta ao conflito, a repetição do passado. Dessa forma, o mediador que visa à melhora da comunicação pretende que os envolvidos no conflito possam compreendê-lo desde outro lugar.

Na situação específica dos atendimentos a grupos de mulheres, me parece fundamental que elas possam perceber que, na disputa com seus companheiros, não é apenas a materialidade (pensão, guarda dos filhos, teste de paternidade) que está em pauta, mas o fato de não reconhecerem nos homens nenhum traço de humanidade. Ou seja, o quanto essa posição impossibilita qualquer comunicação e só faz crescer a violência.

*

Em seu texto "Três ensaios sobre a teoria da sexualidade" (1905), Freud define a sexualidade humana como distinta da de outros seres vivos. Isso porque na sexualidade humana não há um objeto predeterminado para que se alcance a satisfação, diferentemente da sexualidade de outros seres vivos, que obedece ao instinto e tem um objeto predeterminado na busca de satisfação. Portanto, a escolha de um objeto no campo da sexualidade humana não está atrelada ao instinto, mas inserta no processo histórico *de cada um*. Esse objeto de escolha humana, dessa maneira, não se confunde com o objeto da necessidade, pois ele é *construído* ao longo da vida.

A escolha de um objeto, aqui no caso mais precisamente a escolha de um parceiro, é sustentada pelo que, em psicanálise, entende-se como *desejo*. Trata-se de uma escolha feita com base numa trajetória subjetiva, sustentada por fantasias e representações imaginárias do outro. A condição desejante do ser humano revela o descompasso, sempre presente, entre suas demandas e os objetos da realidade. Revela sua condição fundamental, de que algo sempre falta, que não há satisfação absoluta, que não há na realidade nenhum objeto capaz de preencher todas as lacunas. E aceitar essa condição é justamente o motor para que se continue sempre buscando novas formas de satisfação.

Cabe questionar o que ocorre, então, com essas mulheres que chegam ao grupo convictas de que seus homens destruíram suas vidas, não nutrem amor pelos filhos e expressando um único intuito: de que eles sejam punidos por todo o mal que lhes causaram. É freqüente as mulheres dizerem que procuraram a instituição para colocá-los "no pau". Apresentam os homens como uma imagem fixa e os atacam de todas as maneiras. O passado é depositário de decepções, ressentimentos e dor; o presente é vivido sem projetos, sem promessa de felicidade futura.

Seus companheiros, na maioria das vezes, são descritos sem traços de humanidade; eles são "criaturas", como definido por uma mulher em um dos grupos. A experiência da decepção é generalizada, e a maioria conclui, em coro, *que todos os homens são iguais, não prestam*, apesar de reagirem negativamente diante de uma punição judicial. Penso que o risco desse tipo de análise é o de ficarem aprisionadas num lugar destituído de poder quanto a atuarem sobre suas vidas e seus destinos, tendendo a agir pautadas numa crença de que tudo se passa independentemente de sua ação: a falta de caráter é condição inerente aos homens, e as mulheres são sempre suas vítimas. Constitui-se, assim, um cenário em que os personagens assumem papéis fixos, o que impede a reformulação e a dialetização do conflito.

Em "Luto e melancolia" Freud (1917) aborda a questão da perda de um *objeto* – a perda real de uma pessoa ou de uma abstração desta – definindo o *luto* e a *melancolia* como formas distintas de elaboração mental dessa perda.

Diante da perda de um objeto, de início, não há distinção clara entre o processo de luto e o da melancolia. É apenas no final do percurso que há diferenças, pois o processo de luto pressupõe a aceitação e o reconhecimento da sua perda, o que implica reconhecer a finitude e a impotência próprias da condição humana. Conviver com esses sentimentos não é tarefa fácil, pois separar-se do companheiro, por exemplo, não é apenas perder a pessoa em si, mas também abrir mão de um sonho: o sonho de uma união estável e duradoura, de uma família feliz e unida. Além disso, é necessário se dar conta de que o outro é absolutamente diferente e único, e a fantasia de que uma união dure para sempre não controla ou determina os seus sentimentos ou os do outro. Reconhecer isso é muito doloroso, mas imprescindível para que se possa vislumbrar um futuro depois da separação.

É assim que o processo de luto abre campo para que se possa entrar na ordem do relativo, pois uma crença cristalizada se desfaz, criando possibilidades para que algo fixo e rigidamente definido possa ser mediado pela palavra. Ou seja, findo o trabalho de luto aceita-se a condição de que o objeto é substituível, e isso se traduz em poder voltar a inserir-se no jogo social. Já o melancólico é aquele que, por não se conformar com a perda, não consegue elaborar o luto, e pode se tornar "prisioneiro" do objeto perdido. Fixando-se exclusivamente na perda e na sua conseqüente situação de vítima, se desinteressa por tudo o mais que o cerca.

Explicando melhor, é somente pelo reconhecimento da perda de um objeto, muitas vezes idealizado, no caso o ex-companheiro e todas as fantasias que acompanharam essa relação, que é possível abrir campo para que essas mulheres possam se reconhecer como seres limitados e finitos, e isso se refere ao trabalho de luto. Caso contrário, elas se tornam prisioneiras do que perderam: aquele homem eleito para suprir as faltas, as frustrações que a própria vida impõe, e que ao não cumprir a promessa de felicidade deve ser atacado de todas as maneiras.

Nesse sentido, a melancolia apresenta, paralelamente à perda do objeto, uma perda em relação a si próprio. O que se observa no melancólico é uma grave perturbação na sua auto-estima e uma supervalorização do que foi perdido, valorização esta muito mais alimentada pelo ideal do que pelo real. Segundo Freud, isso ocorre quando a escolha do objeto é feita sobre uma base narcísica, isto é, quando o que se busca é uma gratificação plena, quando se atribui ao objeto eleito a *perfeição*, a *completude* e a *felicidade*.

Para entender essa idéia é necessário explicitar o que a psicanálise define como *narcisismo*. Freud (1914) descreve o *narcisismo primário* como um momento mítico no qual cada um de nós se sente perfeito e completo. O bebê não tem a percepção de que a mãe é um ser independente e separado dele, o que corresponde à crença de que *nada lhe falta* e o sentimento de onipotência é absoluto. À medida que a realidade vai se impondo – por exemplo, o alimento não surge assim que o bebê o deseja, às vezes é necessário esperar –, vai tomando corpo a percepção de sua impotência para sobreviver sem o auxílio da mãe. E mais, essa mãe também não é perfeita, já que não atende tão clara ou prontamente às suas necessidades. Trata-se de uma decepção na crença original onipotente sobre si ou sobre a mãe. Essa imagem perfeita de si mesmo ou a crença de que há um objeto que o satisfaz plenamente deve ser abandonada, pois a realidade impõe uma triste verdade: somos finitos e imperfeitos, dependemos do outro que também é finito e imperfeito; enfim, somos mortais.

É essa ruptura dolorosa que abre espaço para a descoberta da própria identidade e para a importância da comunicação. Além disso, reconhecer a própria finitude e impotência implica reconhecer a si mesmo como um projeto infindável. Segundo Renato Mezan (1998):

> É alto o preço a pagar pela renúncia à onipotência e pela ruptura do casulo narcísico que envolvia o bebê num vínculo imediato e exclusivo com a sua mãe perfeita: a sombra da finitude e o aguilhão do desejo acompanharão, dali por diante, a criança e o adulto em que ela se transformar. Mas este sacrifício indispensável traz alguma compensação: é a única via de acesso a algo que, por pobre que seja a opinião que dele tenhamos, constitui o nosso bem mais precioso: a condição humana.

A maioria das mulheres que nos procuram descreve o início de seu relacionamento com seus ex-companheiros como maravilhoso. O ser amado é possuidor de todas as qualidades e de nenhum defeito; em outras palavras, é um companheiro idealizado como aquele que irá protegê-las de todas as frustrações, assim como o que referi acima como o narcisismo primário. É claro que o que estou descrevendo aqui é o que todos sentimos quando estamos apaixonados. Mas é necessário que essa fase seja ultrapassada, é preciso que essas mulheres entendam que o ser amado é assim tão maravilhoso porque elas o fazem dessa forma. Além disso, como já foi dito, a realidade de que o outro não se comporta conforme a fantasia que se faz dele impõe uma ruptura dolorosa e profunda. É fundamental, então, que seja ultrapassada essa etapa em que se crê que há no mundo alguém que possa propiciar satisfação plena, para permitir o reconhecimento do par como parceiro, *falível* e *impotente*, e isso vale também para os homens.

Uma relação que se constrói apenas sobre bases narcísicas estará fortemente fadada à violência, uma vez que tamanha expectativa com relação à vida conjugal gera ódio intenso a cada frustração, sendo que, ao contrário, é a substituição de gratificações instantâneas do narcisismo pela capacidade de tolerar e protelar a satisfação do *desejo* que abre espaço para uma relação em que prevaleça a eqüidade. Parece-me que, muitas vezes, as mulheres que atendo no grupo buscam desesperadamente no homem uma pessoa que lhes assegure essa gratificação. É importante que entendam que, apesar das aparências, essa busca de perfeição pela qual tanto se sacrificam acabará por se revelar frustrante ao longo da vida. Espero que o leitor entenda que, apesar de eu estar fazendo uma leitura sobre o funcionamento dos grupos de mulheres, essa dinâmica não é exclusiva de mulheres, já que se refere a toda a condição humana.

A melancolia e o luto – descritos por Freud – se referem a um conceito clínico, o que não impede, a meu ver, sua aplicação em outro contexto. No caso, devemos aplicar o conceito em um sentido mais metafórico do que psicanalítico. Metaforicamente, portanto, me aventuro a dizer que as mulheres que chegam ao grupo estão em uma forma de existência melancólica, e o papel do grupo é prepará-las para o trabalho de luto, que se inicia na pré-mediação e deve se completar com a mediação. Nem sempre isso é possível. Não se trata de uma fórmula infalível, mas sim de uma possibilidade que a teoria psicanalítica oferece de escuta para as situações de impasse em que elas se encontram.

A possibilidade que o grupo oferece de ouvir outras histórias, de viver experiências novas por meio das dinâmicas propostas pelo mediador que atende ao grupo e as questões que são levantadas sobre suas atitudes e necessidades com relação a seus companheiros podem permitir a reformulação do conflito. Isso porque o cenário onde se desenrolam os encontros entre os humanos tem em conta que o *desejo* está sempre às voltas com a tentativa de alcançar *o paraíso perdido*. Diante disso, há dois caminhos possíveis: tentar alcançá-lo nas relações amorosas e na realização dos ideais, ou, quando isso não é possível, nas formas infantis e regredidas do narcisismo.

*

A freqüência do grupo de mulheres é semanal, totalizando quatro encontros. A duração de cada encontro é de aproximadamente duas horas, e sua composição varia a cada semana, pois enquanto algumas mulheres estão finalizando o processo, outras vão ingressando. Essa composição variada obedece ao fluxo de entrada de usuárias na instituição.

Cabe ainda ressaltar que essa configuração confere um perfil interessante ao grupo: quando chegam, a maioria das mulheres está extremamente ansiosa por encontrar uma solução definitiva para seus impasses. Sua expectativa é de que a instituição lhes ofereça uma solução rápida, e se queixam de ter de comparecer aos grupos. Acham esse tipo de atendimento desnecessário, querem logo agendar um horário com algum advogado, supondo com isso poder resolver definitivamente sua situação. O relato de mulheres que estão saindo do grupo vem em meu auxílio, pois é freqüente reconhecerem o grupo como um lugar no qual se sentem acolhidas, podendo falar de seu sofrimento e relativizar sua história pelo depoimento de outras participantes.

Já de início, nesse sentido, o grupo impõe um adiamento de suas demandas e se institui como espaço necessário para a reflexão. As mulheres chegam ao grupo convictas de que a lei estará do seu lado, uma vez que são detentoras de toda a razão. O companheiro ou ex-companheiro é visto como um câncer a ser extirpado.

Minha meta no grupo é tentar devolver-lhes o protagonismo, a consciência de suas possibilidades de escolha e de suas competências. Para escolher não é necessário extirpar. Em algum momento de suas vidas elas *escolheram* seus companheiros A consciência desse fato lhes devolve o papel de protagonistas, ou seja, de construtoras de sua história, e não de meras coadjuvantes.

A maioria delas tem filhos, e é necessário que entendam também que isso define alguns papéis e impõe uma configuração diferente para a vida conjugal: esses homens, pais de seus filhos, não podem ser eliminados de suas vidas. Uma mulher, certa vez, prestou um depoimento que considero emblemático: "Descobri, no grupo, que existe ex-marido e não ex-pai".

Se chegam querendo que a justiça afaste de suas vidas os homens que lhes fizeram tanto mal, procuro encaminhar as discussões para que reflitam sobre como são feitas as escolhas, qual a responsabilidade e liberdade que se tem sobre elas e suas possíveis conseqüências. Essas discussões geram novos posicionamentos diante da vida, desconstroem atitudes rígidas, criam possibilidades para que o espaço reflexivo se amplie, estimulando-as a tomarem suas próprias decisões em vez de colocá-las nas mãos de um terceiro

É claro, como dito anteriormente, que se trata de um processo doloroso, o que indica tanto as possibilidades como as limitações do trabalho de mediação. Se um dia elas acreditaram que esses homens eram dotados de toda perfeição, e agora os vêem como os responsáveis pelo seu sofrimento, passam de objetos privilegiados de amor a vítimas, o que impede o diálogo e a dialetização do conflito. O grupo, como espaço reflexivo, pode criar condições para que vivências ressentidas e melancólicas se relativizem, amenizando uma posição adversarial ao mesmo tempo que as insere na ordem do relativo, propiciando o vislumbre de novas alternativas para as suas vidas. Reconhecer a própria finitude e a do companheiro abre campo para uma possível negociação, a mediação propriamente dita. A flexibilização de atitudes permite-lhes renunciar à aspiração de gratificação plena, lança-as na ordem do possível, abrindo caminho para a descoberta de sua individualidade, o que as torna mais habilitadas a tomar as rédeas da própria vida.

Referências bibliográficas

FREUD, Sigmund. "Sobre o narcisismo: uma introdução". In: *Obras completas.* Rio de Janeiro, Imago, 1974, v. XIV.

_______. "Luto e melancolia". In: *Obras completas.* Rio de Janeiro, Imago, 1974, v. XIV.

_______. "Três ensaios sobre a sexualidade". In: *Obras completas,* Rio de Janeiro, Imago, 1972, v. VII.

MEZAN, Renato. "Identidade e cultura". In: *A vingança da esfinge.* São Paulo, Brasiliense, 1998.

SOARES, Marinês. *Mediación – Condución de disputas, comunicación y técnicas.* Buenos Aires, Paidós, 1997.

9

Novas práticas na abordagem de gênero e violência intrafamiliar

SUSANA MUSZKAT

Redefinindo conceitos

Na violência doméstica não há vencedores. A destruição paulatina do sentimento de amparo, amor e auto-estima, atribuições normalmente providas dentro de uma família "funcional",[1] fundamentais para a estruturação do sujeito, é geral e atinge a todos os membros, incluindo-se aí o "agressor".

A extensão do atendimento aos homens na nossa instituição está fundamentada em diversos pressupostos teóricos responsáveis pelo importante diferencial que caracteriza nossa forma de atendimento à família, no campo da violência intrafamiliar, e que exponho a seguir.

---

1. Adotamos os termos "família funcional" e "família disfuncional" em contraposição à idéia comum de que famílias são organizadas ou desorganizadas. Entendemos que uma família que não esteja estruturada dentro de um modelo convencional, em que coabitam pais e filhos, não tem necessariamente sua funcionalidade afetada. A idéia de funcionalidade ou disfuncionalidade diz respeito ao exercício de funções parentais, estas sim determinantes na organização e no desenvolvimento de seus membros. Por sua vez, a idéia associada à organização/desorganização tende a vir carregada de conotação normatizadora, assim como pensada dentro do modelo de masculinidade hegemônica.

Dada uma situação de violência, a tendência natural é a de isolarmos o sujeito identificado como "agressor" (em geral os homens) a fim de poupar maior sofrimento àqueles identificados como "vítimas". Há uma naturalidade em pensarmos de forma maniqueísta, atribuindo juízo de valores antagônicos e exclusivos a cada uma das partes. Atribui-se, em geral, valor negativo ao homem e valor positivo à mulher e aos filhos, considerando-se estes merecedores exclusivos de cuidado no âmbito das políticas públicas.

Não pretendo aqui de forma alguma negar, seja a pertinência, seja a necessidade de serviços de atendimento às mulheres, nem tampouco adotar uma posição ingênua quanto a dados que bem conhecemos no que diz respeito a esse fenômeno. Alguns deles: "A violência ligada a gênero, no mundo todo, é responsável por mais mortes e doenças em mulheres entre 15-44 anos do que o câncer, acidentes de trânsito e a malária juntos" (Banco Mundial, 1993). "No Canadá, os custos médicos por perda de produtividade resultantes da violência doméstica chegam a 1.6 bilhão de dólares anuais. Nos Estados Unidos calcula-se que esses valores estejam entre $10 e $67 bilhões ao ano" (Hayward, apud Spindel e Levy, 2000). "Em nove países da América Latina, um estuprador que venha a se casar com sua vítima é liberado do cumprimento da pena" (Chiarotti, apud Spindel e Levy, 2000). "Estudos sugerem que entre um quarto e um terço das 170 milhões de mulheres e meninas atualmente vivendo na União Européia são vítimas da violência masculina" (Logar, apud Spindel e Levy, 2000). Não devemos subestimar a relevância de se trabalhar no sentido da proteção de mulheres e crianças que continuam, em termos quantitativos, a representar o maior contingente no que diz respeito à violência sofrida. O que verificamos na verdade é que se, por um lado, inúmeras pesquisas e programas de proteção à mulher evidenciam a urgência que essas questões demandam, por outro, o número expressivo de casos de violência doméstica contra mulheres dá conta da insuficiência quanto aos programas atuais idealizados pelas políticas sociais.

Nesse sentido, dois dados extremamente significativos nos levaram a questionar esse tipo de procedimento: o primeiro, resultado de nossas observações na Instituição, deixava evidente a ineficácia de trabalharmos no sentido de facilitar à mulher uma saída da situação de violência, por meio da separação judicial, integralmente provida pelas advogadas da Pró-Mulher. Verificamos que mais de 72% dessas mulheres, encaminhadas para a separação, abandonavam o processo por várias razões: porque se diziam inseguras, porque voltavam a coabitar com aqueles companheiros, seus "agressores", contra quem vinham reclamar, ou ainda porque se ligavam a outros homens, repetindo a mesma dinâmica de relacionamento.[2] O segundo fator, fornecido pela psicanálise de casal e família e corroborado na nossa prática clínica, indica como determinadas dinâmicas de relacionamento se repetem ainda que os parceiros sejam distintos. Ou seja, o padrão de relacionamento deve ser compreendido como uma forma de comunicação; a escolha de parceiros não é aleatória, e sim calcada em estruturas inconscientes primitivas, bem como em modelos identificatórios com as famílias de origem de cada um dos sujeitos. Sem entendermos qual é a comunicação que está sendo feita e qual a necessidade de se estabelecer determinadas pautas de relacionamento, troca-se o parceiro, mas perpetua-se o padrão quando de uma nova dupla.

Considerando que o homem, como membro de uma família, é parte ativa e operante dentro de um sistema vivo de interações afetivas, ao simplesmente retirá-lo, impedimos que a família possa refletir sobre seu funcionamento de maneira global, e privamos seus membros da possibilidade de aquisição de recursos pessoais capazes de prover o desenvolvimento de relações mais gratificantes.

Nesse sentido, é fundamental uma análise desconstrutivista dos estereótipos masculinos que permita averiguar questões tais como: se à mulher é atribuído o papel de vítima, que lugar fica reservado ao homem? Que opções lhe restam quando não lhe é dada a possibilidade de inclusão, de amparo e de escuta? Acreditamos que o homem, quando visto exclusivamente como agressor, sofre um

2. O capítulo de introdução, escrito por Malvina Muszkat, descreve de maneira detalhada o processo de mudança e suas origens.

processo de exclusão dentro da própria família e da sociedade, não lhe sendo facultada nenhuma possibilidade de reparação, ou de inclusão num sistema ideológico alternativo. Conseqüentemente, ao ser-lhe negada essa condição, podemos estar incorrendo nos mesmos preconceitos e discriminações de origem naturalista que negaram por anos à mulher o direito de exercer sua autonomia e autodeterminação.

A estruturação das relações entre homens e mulheres, abordada do ponto de vista de gênero, refere-se a uma concepção do masculino e feminino construídos na cultura.

> Os papéis de gênero são socialmente construídos a partir de um conjunto de normas e prescrições que a sociedade e a cultura ditam sobre o comportamento masculino ou feminino, enquanto as relações de gênero são vistas como práticas cotidianas do masculino ou feminino, ou seja, são relações de poder. (Sartori, 2001)

O modelo de masculinidade hegemônica-homofóbica, predominante na população que atendemos na Pró-Mulher, não se restringe ao imaginário da população masculina, atingindo também a população feminina. Marcadamente idealizado, torna-se, por essa característica, impossível de ser atingido, exercendo, contudo, poder controlador sobre homens e mulheres (Sartori, 2001). Se de um lado transmite uma herança de poder ao sexo masculino, de outro, exige um desempenho – homem é forte, não se emociona, sabe resolver problemas, é competente, potente – que, quando não satisfeito, gera sentimentos de angústia, depressão e impotência.

Ainda que seja motivo de queixa da população feminina, em função da desigualdade inerente ao modelo, as relações de poder se mantêm perante crenças compartilhadas tanto no imaginário masculino quanto no feminino. Ao pensarmos um modelo masculino, devemos pensá-lo "em relação à" e não como conceito independente, remetendo-nos automaticamente àquele considerado seu contrário, o feminino. Nessa equação temos que: o que não é masculino, é feminino, fixando de forma rígida homens e mulheres em papéis e funções predeterminados.

A biologia tende a definir masculino e feminino pela constituição biológica dos seres, sendo o aparelho reprodutivo aquilo que demarca o que é próprio a cada sexo. No entanto, a constituição sexual de cada indivíduo está longe de esgotar a questão da sexualidade. Não se pode pensar identidade sem considerarmos, para além do biológico, os aspectos psicossociais e culturais em que cada sujeito está inserto.

A construção das várias masculinidades se dá de maneira complexa e está vinculada tanto a modelos da cultura quanto à estruturação inconsciente daqueles responsáveis pela criação dos seres humanos: pais e mães, estes também produtos da cultura. Vemos assim que uma mãe, por exemplo, ao prover os cuidados básicos ao seu bebê-menino, o fará de maneira diferente daquela que empregaria com seu bebê-menina. A forma como os pais têm construídas as suas próprias identidades de gênero determina, de maneira contundente, o que será transmitido a seus filhos de diferentes sexos.

Encontramos o mesmo interesse quanto à construção da identidade de gênero no pensamento psicanalítico de Otto Kernberg comentando estudos realizados por Braunschweig e Fain (1971, 1975, apud Kernberg, 1995). Estes apresentam evidências psicanalíticas para uma bissexualidade original, derivada da identificação das crianças pequenas com ambos os pais. "Esta bissexualidade é gradualmente controlada pela natureza da interação mãe–bebê, na qual se estabelece uma identidade de gênero nuclear."

Nesse sentido, vemos desde logo que não se pode tratar a questão da masculinidade dissociada da feminilidade, pois é pelos primeiros contatos com as figuras tanto materna quanto paterna que vão sendo construídas as noções relativas a cada gênero.

Ainda calcada na constituição biológica do homem, fatores como a existência do pênis como órgão sexual, massa e força física superiores à das mulheres deram caráter de "naturalidade" à associação entre masculinidade e agressividade, como também à prontidão e potência sexual, levando os homens, há muitas gerações, a adentrarem o chamado "mundo dos homens" por vias freqüentemente bastante dolorosas, verdadeiros rituais de iniciação.

A não-aceitação destes "rituais" poderá ter como conseqüência o fato de se verem questionados quanto à sua masculinidade.

Connell (1995), referência importante nos estudos sobre masculinidade, relata um estudo feito com alguns jovens rapazes de baixa escolaridade. Descreve como, no processo de aquisição da identidade masculina, a atividade sexual relaciona-se menos a manifestações de afeto e mais com a reafirmação narcísica que lhes confira o *status* de masculinidade. Acrescenta que alguns grupos de rapazes adolescentes têm, mediante o ato violento, um sentimento de poder que é associado à masculinidade. Segundo depoimento de um dos garotos de sua amostra de sujeitos, ganhar uma briga com outro garoto ou ser visto como alguém que intimida seus pares (experiência normalmente compartilhada no âmbito grupal) é algo que lhes confere muito prestígio.

A idéia da masculinidade associada à potência e agressividade sexual é também discutida em Rosalind Miles (1991) ao sugerir que, para o jovem rapaz, "sexo não é uma atividade realizada em dupla, mas sim um jogo solitário". Essa idéia remete à noção de centralidade que tem o pênis na vida do jovem rapaz e futuro homem, em que é freqüentemente confundida a idéia de masculinidade com o desempenho do seu órgão sexual. Segundo ela, a forma "oficial" de se criar meninos submete-os a estarem aptos, serem capazes, corajosos, serem bons atletas e exercitarem-se de forma que enrijeça o corpo, de maneira que não apenas seu pênis, mas todo o corpo se apresente como um pênis enrijecido.

A homofobia nega, com freqüência, o aspecto emocional do homem. A famosa expressão (já um tanto fora de moda como expressão, mas ainda em voga como prática) "homem não chora" ilustra de maneira simbólica a cisão emocional a que é submetido o homem em sua trajetória à masculinidade adulta. Há uma pressão cultural para que ele reprima seus sentimentos, uma vez que sua manifestação está associada ao feminino. Giffin (1994), citando Seidler, diz: "enquanto a idéia do masculino é baseada nesta negação, os homens estão presos numa luta contínua e sem fim contra si próprios, vivem uma ansiedade constante, com medo de que sua natureza possa ser revelada".

Aqui, vale ressaltar que o temor da revelação ao qual se referem os autores diz respeito àquilo que caracteriza a condição humana: desamparo, emoções, fragilidades, angústias etc.

Estará negado ao homem, dentro desse sistema, o direito à humanidade? Como então esperarmos humanidade e sensibilidade por parte desses homens, tão comumente identificados como agressivos ou agressores? Que desde muito precocemente devem se separar do convívio e da intimidade com suas mães e irmãs a fim de alcançarem sua identidade masculina? Lembrando, uma vez mais, que se trata de uma idealização compartilhada por ambos os sexos, seria um engano desprezarmos o peso que tem o funcionamento feminino na construção desse ideal masculino. Excluindo a mulher do cenário das relações interpessoais, como co-partícipe, continuamos incorrendo no mesmo tipo de mentalidade falaciosa e maniqueísta, que desresponsabiliza os sujeitos de suas ações.

Não há nisso nenhuma tentativa de justificar comportamentos violentos praticados por alguns homens, tampouco de sobrecarregar as mulheres como responsáveis por relações de violência em que estejam envolvidas. Há, isso sim, a constatação de uma situação muito mais complexa e dinâmica em que nos encontramos, tanto homens como mulheres.

A título de curiosidade, é interessante lembrar que o expressivo movimento feminista dos anos 1970 estimulou, principalmente no Canadá e nos Estados Unidos, movimentos de grupos de homens nos moldes dos grupos feministas, reivindicando a possibilidade de se expressarem dentro de modelos tidos fundamentalmente como femininos. Grupos de ajuda a homens que se sentiam oprimidos pelos estigmas definidores da masculinidade foram formados, e alguns livros publicados tinham títulos como: *Os prejuízos do ser masculino*, *Sexo e o homem liberado*, *Delicadeza é força* (Connell, 1995). Esses movimentos já denunciavam – há 30 anos – o rígido código de gênero imposto aos homens como garantia de inclusão e manutenção no mundo masculino.

Conjugalidade e conflito

Trabalhamos com a hipótese de que estruturas rígidas determinantes de papéis sexuais, nas relações entre homens e mulheres, impedem de maneira significativa que estes usufruam, em suas relações conjugais, de algo de que com freqüência sentem-se privados: o companheirismo. Dessa forma, o aprisionamento mental e de conduta a modelos pouco flexíveis revela uma visão de mundo em que poder colocar-se no lugar do outro, ou ainda, considerar que os acontecimentos podem ter outro ponto de vista além daquele que se tem, torna-se algo quase impossível. Essa incomunicabilidade de idéias e sentimentos não só é geradora de conflitos, como também impede que se apresentem alternativas mais dinâmicas e criativas para administrá-los.

O que se verifica é que comportamentos ditados pela imposição de poder e violência tornam-se formas quase que exclusivas de solucionar tais conflitos. A violência pode ser compreendida como uma maneira desadaptada na tentativa de eliminar um conflito. Embora muitas vezes eficiente do ponto de vista de eliminar um incômodo momentâneo, denota uma pobreza de recursos internos e se prova ineficiente quanto a seus resultados a médio e longo prazo, deteriorando as relações de confiança, estabilidade e segurança, bem como os laços de afeto dentro da família.

Se entendemos que o modelo de relações familiares se perpetua para as próximas gerações, podemos ter uma idéia do grau de prejuízo a que estarão submetidos os membros dessa família e seus descendentes.

Exclusão social como violência

A violência se manifesta em diversas esferas, sendo uma de suas expressões a exclusão social.

Na Pró-Mulher, Família e Cidadania trabalhamos com pessoas advindas dos extratos mais pobres do município de São Paulo. A precariedade dos recursos de que dispõem obriga-as ao convívio constante com a frustração e a privação. São famílias constantemente ameaçadas em sua integridade moral, emocional e física, que deparam com a dificuldade de prover seus membros de condições básicas de subsistência e dignidade.

O homem dessa camada da população não tem poder dentro do sistema social mais amplo, não tem acesso a instrução de qualidade que o inclua no mercado de trabalho e, assim, se sente excluído e incompetente no domínio do espaço público. Para ele é impossível preencher as demandas que o "capacitem" como homem, segundo os padrões de masculinidade ditados pela cultura hegemônica. Exerce como única forma de poder aquela que lhe é conferida dentro de casa, ao lado da mulher e dos filhos.

Juntamente com seus pares, nas conversas de bar, como falar da dor da vida a homens que, como ele, foram criados dentro de um sistema em que a força e a potência são as formas reconhecidas de valor?

Verificamos, na segmentação das políticas públicas, ações fortemente voltadas aos setores que se mostram explicitamente mais frágeis ou vitimados, corroborando, dessa maneira, com a noção hegemônica da "força masculina". São inúmeros os projetos voltados à proteção da mulher, de crianças e adolescentes, com forte destinação de verbas para programas desse cunho, sendo praticamente inexistentes no país programas sociais dirigidos aos homens.

Temos a convicção de que se quisermos atuar de maneira que altere padrões de conduta nas relações de gênero, isso deve ocorrer em todos os vértices onde se dão as relações, numa discussão de âmbito mais amplo do que o do enfoque exclusivamente voltado para as questões da mulher. Isso inclui analisar a questão de maneira eqüitativa, com oportunidades equivalentes de escuta e atendimento a todos os membros de uma constelação familiar que estejam dispostos ou desejosos do mesmo.

A manutenção do sistema tradicional, não apenas no que diz respeito a políticas públicas, como também no que concerne ao modo como pensamos essas questões, perpetua um quadro cultural que reforça a polarização e não propõe novos modelos de relacionamento.

Ao tomarmos unicamente uma das partes como vítima, corremos o risco de elegê-la a um lugar de destaque, invertendo uma situação em que o "opressor" se torna vitimado, em função da exclusão a que é submetido, enquanto a vítima pode se tornar "poderosa", mantendo, assim, de maneira invertida, a desigualdade entre as partes.

Observando a população atendida, como já dissemos, não há vencedores quando se trata da violência intrafamiliar: todos perdem. A precária situação de poder exercida e mantida pela violência – seja ela física, moral ou emocional – deteriora os relacionamentos e inviabiliza tanto a instalação da parceria no casal como a manutenção do núcleo familiar com suas funções de proteção e socialização de seus membros. Predomina assim o medo, a insegurança, o isolamento afetivo.

Em vista disso, passamos a considerar a questão da violência na família não mais sob a denominação de violência doméstica, que tem como pressuposto a dicotomia vítima/agressor, mas sim como um fenômeno de proporções muito mais extensas, em que as repercussões vão além do dano perpetrado contra a vítima identificada.

Denominamos essas famílias como: *famílias em situação de violência*, e o tipo de violência como de *violência intrafamiliar*. Consideramos que o prejuízo na área sociopsicológica não se restringe à vítima direta, atingindo todo o grupo familiar, vítima ou testemunha da violência, criando um problema social de graves proporções, promovendo e mantendo a exclusão social.

Por fim, com base em nossas experiências iniciais de insucesso e nos argumentos acima apresentados, adotamos uma metodologia de trabalho já largamente usada em outros países: a Mediação Familiar.

Calcada nos princípios da negociação em condições de eqüidade e no protagonismo dos indivíduos, impõe a prática do diálogo na tentativa de facilitar a resolução dos conflitos entre as partes, inaugurando uma modalidade inédita de atendimento. Inédita, porque reconhecendo a importância da participação direta das partes em conflito (na presença de um terceiro neutro) restitui-lhes o protagonismo – a homens e mulheres –, permitindo-lhes operar no cenário do conflito baseados na auto-afirmação, na autodeterminação e na responsabilidade pessoal.

Na prática isso significou que, para cada cliente mulher que nos procurava, convidávamos também seu companheiro, e oferecíamos a ele o mesmo serviço.

Posteriormente, com base nos resultados favoráveis que fomos constatando, julgamos que seria interessante abrir o atendimento à população masculina. Não só seriam convidados quando suas companheiras procurassem o serviço, mas também eles poderiam ser usuários deste, sempre que necessitassem.

Adaptando a metodologia

As famílias que nos procuram têm como característica comum estarem vivendo situação de graves conflitos ou de violência.

A mediação tem como objetivo primeiro garantir uma situação de eqüidade entre as partes mediadas. Isso quer dizer que se em dada família um de seus membros se encontra em situação de submissão ou opressão em relação ao outro, não estará em condições de igualdade do ponto de vista moral e/ou psicológico, não sendo, portanto, atendido esse princípio. Para superar essa desigualdade, já que a mulher seria a "vítima" na relação do casal, implantamos o que denominamos grupos de pré-mediação, com o intuito de prepará-las para o encontro com seus companheiros. Novo engano! As mulheres, uma vez submetidas aos grupos, demonstraram tão maior preparo e desembaraço na situação de mediação que voltaram a provocar um novo desequilíbrio na balança da eqüidade, o que nos obrigou a oferecer aos seus companheiros as mesmas oportunidades. Iniciamos, timidamente, um grupo de homens que deveriam vir como nossos convidados. Quando todo atendimento da casa passou a incluir os homens, também como usuários, os grupos masculinos de pré-mediação foram definitivamente instalados.

Outro dado importante observado pela experiência e que corroborou para a adoção dos grupos de pré-mediação foi a percepção de que a situação de conflito existente no casal, extremamente acirrada quando chegavam, ia se abrandando após suas experiências individuais nos grupos. Cada uma das partes vinha firmemente apoiada em crenças prévias, ou pressupostos quanto à veracidade ou total irrefutabilidade de sua "versão da história". Como conseqüência, cada encontro do casal ficava muito mais trabalhoso para o mediador que tinha de enfrentar fortes resistências das partes. Em contrapartida, os casais que passaram a freqüentar os grupos antes do encontro de mediação apresentavam comportamentos já bastante flexibilizados.

Uma das tarefas de grande importância do mediador na sua função de coordenador de grupos é auxiliar os participantes a pensar na possibilidade de narrativas alternativas, que lhes permitam ver seus problemas sob novos ângulos. Ou seja, trabalhar com a desconstrução de atitudes rígidas e o questionamento de formulações maniqueístas, a fim de ampliar o seu espaço reflexivo. Tem ainda o objetivo de estimulá-los a exercer uma maior autonomia e desenvolver a noção de responsabilidade sobre suas ações oferecendo recursos para que atuem como cidadãos, conscientes de seus direitos e responsabilidades.

O grupo de homens

O grupo de homens acontece semanalmente, com duração de duas horas, e com número de participantes variável, entre três e quinze participantes.

Cada um desses homens comparece a quatro encontros (oito horas) e, sendo que o grupo funciona de maneira ininterrupta, os participantes dos grupos variam à medida que uns vão terminando, enquanto outros vão se iniciando.

Os participantes podem ser convidados, ou seja, vêm por terem parceiras que já participam do atendimento da casa ou, ainda, podem ser eles mesmos os clientes, isto é, procuram o serviço da casa por questões próprias, sempre relacionadas ao Direito de Família. Nesse caso, terão a opção de que suas companheiras sejam também convidadas. A participação nos grupos é facultativa aos convidados, mas obrigatória aos clientes, uma vez que a adesão ao processo da casa inclui essa forma de atendimento, seja como preparação para os encontros de mediação, seja para garantir a oportunidade de refletirem sobre si mesmos e sobre suas condutas. A diferença quanto à obrigatoriedade no caso dos convidados deve-se ao fato de que mesmo que um deles não queira aderir ao processo, ainda assim poderemos garantir o atendimento do nosso cliente, prestando acompanhamento jurídico integral ao seu caso.

O encaminhamento da clientela masculina é feito pelos serviços de atendimento jurídico do Estado, como a Procuradoria de Assistência Judiciária, fóruns, delegacias ou, ainda, por indicação de ex-usuários da casa (60% dos casos).

Ainda, alguns outros critérios que nos levaram à implementação dos grupos multidisciplinares de pré-mediação: o fato de trabalharmos com uma população de baixa renda, baixo nível socioeconômico, parco acesso ao sistema formal de educação bem como aos equipamentos sociais, fazendo-se necessário muitas vezes prestarmos esclarecimentos, orientações básicas quanto a questões legais, orientarmos ou encaminharmos a população a outros serviços da rede pública, além de podermos avaliar com maior profundidade as condições de vida de cada um dos participantes e identificarmos possíveis urgências no âmbito da violência intrafamiliar.

Quando da entrada na Instituição, os usuários apresentam uma atitude de receptores passivos, numa demanda de atendimento assistencialista e uma expectativa paternalista em relação aos técnicos, atribuindo-lhes poderes superiores e esperando que arbitrem sobre seus conflitos. A idéia de que a lei, "justa", resolverá ou arbitrará sobre suas vidas carrega em si a noção de hierarquia e poder, em que os mais poderosos determinam o destino dos menos poderosos.

Nossa meta é criar condições de "empoderamento" e protagonismo, rompendo com esse modelo hierárquico, o mesmo usado nas famílias que sofrem violência, e veicular uma nova ideologia que pressuponha a eqüidade, parceria e responsabilidade, formando sujeitos transmissores ou agentes de transformação de uma nova forma de funcionamento social. Os conceitos de "empoderamento" e protagonismo estão formulados mediante uma concepção do ser humano como um ente capaz de enfrentar situações de dificuldade, refletir sobre elas e tomar decisões de forma responsável, ou seja, de que são capazes de se responsabilizar por suas próprias vidas, seus atos e as conseqüências decorrentes destes.

Que cara tem o "lobo mau"?

Chegando à Instituição, após passarem pela triagem feita pela equipe do Serviço Social, os homens são encaminhados aos grupos, em que estimulamos discussões com o objetivo de refletir sobre temas que os afligem, tais como: a condição masculina, a desnaturalização da violência, sexualidade, relações conjugais e as dificuldades decorrentes das relações de gênero, questões familiares, parentalidade, separação, conflitos, além de outros temas individuais trazidos por eles mesmos. São utilizadas técnicas de dinâmica de grupo, *role-playings* sobre situações de conflito e outras atividades, como desenhos, vídeos e jogos em geral. A atividade em grupo é uma experiência relatada como inédita, para a maioria desses homens. A possibilidade de serem ouvidos, de compartilharem idéias e experiências e, sobretudo, de poderem falar de suas dores e seus sofrimentos num clima de respeito e seriedade, sem serem prejulgados, criticados ou avaliados, é de grande valia e desperta interesse na maioria dos participantes.

Notamos que, no seu isolamento afetivo, o ato sexual, muitas vezes desligado do afeto, é ainda assim uma das únicas vias em que o contato físico é permitido. Como já dissemos, nessa classe social, o modelo tradicional nos papéis de gênero, hoje menos rígido em outras classes sociais, se expressa por um engessamento no seu comportamento, sendo qualquer ação mais espontânea de afeto associada a um comportamento feminino. Assim, a primeira reação a exercícios lúdicos ou discussões que estimulem novos padrões de comportamento é de inibição e vergonha. Entretanto, pela colaboração do mediador, pela aceitação sem críticas das suas dificuldades, essas reações são paulatinamente superadas. Rompem-se barreiras comumente encontradas nas rodas de homens, em que falar de si mesmos e de suas dificuldades pessoais é inadequado, abrindo espaço para a expressão de seus aspectos mais frágeis e sensíveis.

Embora coordenado por uma mediadora do sexo feminino, eles parecem desinibir-se rapidamente. Por um lado, para eles sou "a doutora" – função dotada de atributos de poder dentro de um modelo ideológico de que "os doutores sabem mais", até mesmo sobre suas próprias vivências – que se dispõe a ouvi-los e discutir com seriedade, franqueza e acolhimento temas relevantes em suas vidas. Por outro lado, é possível que minha condição de mulher facilite o afrouxamento de defesas de cunho machista, permitindo que eles se sintam mais à vontade do que diante de outro homem. De minha parte, declarações injustas de caráter discriminativo contra as mulheres são ouvidas como queixas que representam uma categoria comum de pensamento. Idéias absolutas têm caráter parcial, mas expressam determinado sentimento. Cabe a mim, como mediadora, estimular a participação dos demais membros do grupo no sentido de flexibilizar essas idéias e ajudar a esclarecer o seu significado. Nossa experiência anterior de homens mediando grupos de homens demonstrou reações bem distintas. Notou-se uma maior disposição ao aparecimento de atitudes exibicionistas, maior preocupação com os padrões convencionais de comportamento e certa inclinação a buscar no mediador identificações e alianças antifemininas, repetindo as condições do mundo social. É comum ouvirmos, no decorrer dos encontros, comentários elogiosos sobre como a PMFC, apesar do nome – o que por vezes os leva a relutar em procurar-nos –, surpreende-os quanto aos serviços oferecidos. Sentem-se gratos, tendo muitas vezes "rodado" por vários outros serviços públicos sem conseguir ser atendidos, ou sendo sistematicamente humilhados. Se, por exemplo, tiverem de ir a uma delegacia prestar queixa sobre violência praticada contra eles por suas companheiras, são ostensivamente ridicularizados. Assim, mediante seus relatos, podemos ter uma noção do parco atendimento a que os homens de poucos recursos financeiros têm direito nos equipamentos sociais. Essa condição desperta neles sentimentos de revolta e exclusão, contribuindo para mantê-los legitimados na sua condição de privação emocional que, em geral, está na base da conduta violenta.

Falando da vida... e da violência...

No decorrer de nossas conversas pode-se perceber que esses homens raramente têm amigos: têm colegas do jogo de futebol, colegas de trabalho, parentes, colegas do bar. Não há espaço para conversas íntimas, em que as agruras da vida pessoal e emocional possam ser desveladas. Fala-se de dificuldades, mas daquelas genéricas, dificilmente as de cunho pessoal.

Num desses grupos, em que se discutia sobre traição e separação, um dos participantes contava de maneira bastante comovente como, cerca de alguns meses após a separação, sua ex-mulher já havia encontrado um novo companheiro.

> Eu fui lá na casa deles e queria matar o cara, eu tava com ciúmes. Aí pensei, se eu mato ele ainda vou pra cadeia e minha filha fica sem pai mais ainda, porque agora eu já vejo ela tão pouco, porque ela mora com a mãe. Eu desisti, mas tem cabra que faz isso mesmo.

Continuando o relato acerca de como tinha de lidar com suas dores pela perda da mulher e da filha, conta:

> Os caras lá do trabalho são fogo! Ficavam me chamando de corno, dizendo que ela já tinha outro, ficam mangando da gente...

A esse relato seguiu-se uma discussão sobre o tema da solidão, da impossibilidade de repartir ou ser acolhido em seu sofrimento pelos colegas. A dor e o sofrimento masculinos são motivos de chacota. A fragilidade desperta a ridicularização.

A evidência de seu sofrimento amoroso promove nos colegas projeções carregadas pelo temor da fragilidade e impotência sentido pelos colegas, o que os leva a adotar uma atitude de arrogância, descaso e violência para com aquele que sofre. A negação do sofrimento, aqui, é condição necessária para a manutenção do sentimento de masculinidade. Se não houver outra saída, sempre lhes restará o recurso conhecido e autorizado no mundo masculino: o descontrole e a violência como forma de restabelecer o controle sobre uma situação emocional intensa.

A possibilidade de terem sua dor reconhecida e legitimada na experiência de grupo, a experiência de solidariedade entre homens, bem como a abertura de um espaço de liberdade para reflexão sobre temas normalmente vetados aos homens, tem se mostrado uma experiência inédita e geradora de mudanças de atitude significativas.

Em outra ocasião, um participante fazia uma análise sobre a condição de ser homem:

> ...homem tem que ser forte, sustentar a mulher, a família, é isso que se espera de nós. Aí o homem perde o emprego, não tem trabalho, não tem dinheiro, fica se sentindo desmoralizado. *O problema é o que os outros homens vão dizer dele.* (grifo meu) Então, quando ele bate na mulher e dá uma de machão, é um jeito de não se sentir por baixo, de mostrar para os outros homens que, mesmo sem emprego, quem manda na casa dele é ele.

Nesse depoimento ele expõe seus sentimentos de baixa auto-estima diante da falta de condições mínimas de exercer seu papel de provedor, da exigüidade de espaço e alternativas compensatórias para essa situação (ajudar no trabalho doméstico, cuidar dos filhos...) e a incapacidade de vencer o abismo que, criado pelos preconceitos construídos sobre a inflexibilidade dos papéis de gênero, bloqueia a intimidade do casal impedindo o compartilhamento de experiências negativas.

O homem que, por circunstâncias adversas, se vê financeiramente dependente do orçamento da companheira, ao contrário de sentir-se amparado, sente-se desvalorizado, pois, não podendo preencher o papel de provedor, não encontra outras possibilidades de atuação na família, seja como pai, seja como companheiro.

Com o intuito de desconstruirmos esses valores e provermos condições para que possam pensar novas alternativas, propomo-lhes com freqüência algumas questões como: O que é ser homem? O que é ser pai? Quais são as responsabilidades do homem e as da mulher na família?

As respostas são vagas ou esparsas, denotando assim falta de idéias a respeito do universo que ocupam como pais, maridos e filhos. As respostas mais comuns são: *para sustentar a família ou trabalhar, para ensinar o que é certo ou errado para os filhos, para manter a ordem na casa e na família*. Por vezes, quando se colocam como filhos, também relatam a importância da companhia do pai nas brincadeiras ou, ainda, que pai serve para "ensinar coisas" para o filho. O afeto e a intimidade, experiências construídas no cotidiano familiar, não se constituem como registro no mundo mental da maioria desses homens, quanto às funções de pai e de marido.

É comum ouvirmos nos grupos o relato orgulhoso daqueles que "nunca deixaram faltar nada à família", referindo-se exclusivamente ao sustento econômico dela, à guisa de expressão afetiva. Da mesma forma, constatamos que muitos deles, ao se verem impossibilitados de pagar pensão alimentícia a seus filhos, sentem-se humilhados e crêem não ter nenhum direito sobre os filhos, nem mesmo o acesso às visitas. Afastam-se, gerando grave prejuízo emocional no desenvolvimento das crianças, reforçando assim o sentimento de isolamento e desvalorização a que ficam submetidos tanto filhos quanto pais.

Outros, ao romperem os laços de conjugalidade com a companheira, julgam-se desresponsabilizados quanto à criação dos filhos (funções do universo feminino), rompendo também os laços parentais com sua prole. De forma complementar, e sustentada pela mesma ideologia, vê-se com freqüência uma atitude nas ex-companheiras de afastarem os filhos de seus pais, como propriedades suas, exigindo somente a pensão alimentícia (direito inalienável dos filhos).

Gostam de atribuir às mães de seus filhos uma atitude "mal-intencionada" quando da exigência da pensão para as crianças. Sentem-se explorados, e a maioria acredita que as mulheres usam desse recurso para viver à custa deles, mostrando ignorar a importância dos vínculos afetivos.

Também é comum sentirem-se extremamente ofendidos e raivosos quando suas ex-companheiras procuram, por razões legítimas, regulamentar (via homologação judicial) a questão da pensão alimentícia dos filhos: *Não precisava nada disso! Ir na justiça pra quê? Sempre que eu posso eu dou tudo de que eles precisam! Mas agora essa, eu fiquei com raiva mesmo.* Entendem isso como um ato que depõe contra sua idoneidade moral e dignidade, atributos altamente valorizados dentro de um universo de exclusão em que dispõe de tão poucas qualificações. Ser chamado a comparecer em algum órgão da Justiça é coisa para "bandido". Nos casos em que as mães impedem suas visitas aos filhos predominam os sentimentos de pesar, difíceis de serem admitidos e muito menos declarados, a não ser, posteriormente, durante a mediação.

Constatamos que a rigidez dos papéis em que homens são meramente provedores e as mulheres as responsáveis exclusivas pela vida doméstica – em que se inclui a criação dos filhos – cria um abismo na comunicação e nos afetos, produzindo ressentimentos para ambos os lados, bem como uma sobrecarga de tarefas, muitas vezes impossíveis de serem preenchidas, resultando em ódio, frustração e sentimentos de baixa auto-estima para todos.

No grupo, discutimos essas questões, e não foram poucas as vezes em que ouvi de algum deles: *Sabe, depois que comecei a vir aqui, estou conseguindo conversar melhor com a mãe dos meus filhos. Ela até deixou que eu os pegasse no fim de semana....*

A exclusão forçada do homem, do ambiente familiar, quando da situação de separação, gera nele sofrimento e cria ressentimentos. Ao contrário do que os próprios homens possam admitir ou nós possamos pensar, *os homens sofrem*. A dificuldade está em demonstrar o sofrimento sem que isso os exponha ao ridículo. Solidão e frustração geram sofrimento, e o sofrimento não é exclusividade feminina (ver desenhos a seguir).

G, diante de uma tentativa de reconciliação com a mulher, demonstra por intermédio do seu desenho o longo caminho que, intui, terá de trilhar.

Já no desenho seguinte, o sofrimento de M diante da separação da família fica expresso na representação da fenda que destruiu a casa e nas suas próprias lágrimas.

A possibilidade de esclarecer seus sentimentos, seus direitos, discutir suas necessidades e seus desejos em relação aos filhos ou, ainda, poder *pensar-se no lugar do filho* quando este é "esquecido" pelo pai tem efeito transformador na vida desses homens e, por conseqüência, também na de seus filhos e ex-companheiras.

Embora em pequena escala uma nova demanda tem surgido por parte dos homens – demanda que a partir do novo Código Civil lhes será facultada em igualdade de condições com as mulheres –, a guarda dos filhos. Atualmente, apesar de a maior parte das mulheres desta classe social estar ativamente inserida no espaço público como provedoras de famílias, e de notarmos uma gradual participação dos homens no âmbito doméstico, ainda verifica-se a predominância das idéias anteriormente relatadas quanto às funções definidas como masculinas ou femininas. Contudo, a noção de que também eles, homens, podem exercer funções parentais de forma competente começa a expressar-se cada vez mais significativamente, levando muitos deles a colaborarem nas funções domésticas e de atenção aos filhos, sobretudo se estiverem desempregados. Da mesma forma, tem-se tornado mais comum o pedido de guarda dos filhos. É provável que estejamos assistindo a um momento importante de transformação, em que as práticas passam a interferir e modificar o imaginário coletivo.

Em suma, o grupo funciona como um espaço facilitador. Promovendo a discussão de temas variados, estimulando a reflexão, relaxando defesas, propicia a oportunidade a cada um dos participantes de vivenciar experiências diversas, influenciando o curso de suas vidas e de seus relacionamentos.

Conclusão

Se agem como agem, por falta de alternativas, por acreditarem precisar garantir sua condição de masculinidade mediante práticas autoritárias, é necessário oferecermos, além de críticas, alternativas, um novo modelo em que o homem não mais dependa da força e do autoritarismo para a manutenção de sua auto-estima. Que o seu poder seja resultado não da obediência, que lhe impõe uma situação de isolamento afetivo em relação à sua companheira e à sua família, mas sim da possibilidade de fazer alianças construtivas, parcerias para o desenvolvimento e acolhimento dos membros de uma família.

O sofrimento é parte da condição humana. A atribuição de significados positivos e negativos, restritos a um ou outro sexo, criou um mundo de representações em que a diversidade produz ora menosprezo, ora superidealização de um sexo em relação ao outro. Para intervir nos conflitos constituídos por relações de gênero é preciso encontrar formas de socialização tanto do poder como do sofrimento.

Referências bibliográficas

CONNELL, R.W. *Masculinities.* Berkeley and Los Angeles, California, University of California Press, 1995.

GIFFIN, K. Violência de gênero, sexualidade e saúde. *Cad. de Saúde Pública,* Rio de Janeiro, 10 (suplemento 1), 1994, pp. 146-55.

KERNBERG, Otto. *Psicopatologia das relações amorosas.* Porto Alegre, Artes Médicas, 1995.

MILES, Rosalind. *Love, sex death, and the making of the male.* Nova York, Summit Books, 1991.

MUSZKAT, M; MUSZKAT, S. *Formas de organização familiar nas famílias de baixa renda no município de São Paulo.* Trabalho apresentado no Congresso de Psicanálise da Fepal, em Montevidéu, set. 2002.

MUSZKAT, S. Uma nova versão do homem com "H". Revista *Ide* da Sociedade Brasileira de Psicanálise de São Paulo, 2001.

SARTORI, A. J. "Homens e relações de gênero entre sindicalistas de esquerda em Florianópolis". In: BRUSCHINI, C.; PINTO, C. R. (orgs.). *Tempos e lugares de gênero.* São Paulo, Ed. 34, 2001.

SPINDEL, C.; LEVY, E.; CONNOR, M. *With an end in sight: strategies from the Unifem Trust Fund to Eliminate Violence Against Women.* Nova York, Unifem (United Nations Development Fund for Women), 2000.

SUARÉS, M. *Mediación. Conducción de disputas, comunicación y técnicas.* Buenos Aires, Paidós, 1996.

Parte IV

Violência e Mediação Conjugal

10

Como é que eu resolvo este caso? Intervenções alternativas nos casos de violência conjugal

REGINANDRÉA GOMES VICENTE

Este artigo faz parte de uma investigação maior,[1] acrescido pela experiência institucional desenvolvida na Pró-Mulher, Família e Cidadania (organização não-governamental). Visa ressaltar a importância da construção e implementação de modelos alternativos de administração de conflitos no atendimento de questões complexas e multideterminadas, como é o caso da violência entre os cônjuges.

A literatura (Langley, 1980; Goldenberg et al., 1989; Serra, 1993; Grossi, 1994; Paula, R. F., 1994; Alpert, 1995; Saffioti e Almeida, 1995) e os profissionais (organizações não-governamentais, Delegacias da Mulher e outros) que trabalham com a violência conjugal têm identificado o caráter endêmico desse fenômeno e, freqüentemente, deparam com as seguintes indagações: Como intervir de forma eficaz e preventiva nessa área? Por que muitas vezes as intervenções profissionais têm efeito efêmero? O que mantém as pessoas em relações conjugais "abusivas"? Em que momento ocorre a necessidade de mudança? O que faz com que as pessoas desis-

---

1. Dissertação de mestrado, *Ruim com ele, pior sem ele? – Uma investigação com mulheres vítimas de violência.* Programa de estudos pós-graduados em Psicologia Clínica, PUC-SP, sob orientação da profa. dra. Rosa Macedo, financiamento Fapesp, 1999.

tam de levar adiante um processo de separação conjugal, ou mesmo uma denúncia de violência doméstica?

Fundamentado em uma perspectiva sistêmico-construtivista na psicologia e tendo como base de análise a categoria de gênero, este estudo centrou-se na construção do significado da violência (física ou não) na conjugalidade, segundo a ótica de mulheres que passaram por esse tipo de vivência. Dessa forma, pôde-se entender o processo que as mantém nessa relação indicando direções e pluralidades que podem servir de base de reflexão para profissionais que trabalham com essa temática, apontando para a importância do desenvolvimento de modelos de intervenção preventivos como a *Mediação Familiar*.

Os dados foram obtidos por entrevistas em profundidade com dez sujeitos (mulheres que buscaram atendimento, em sua maioria, na Pró-Mulher, Família e Cidadania), com idades variáveis de 27 a 64 anos; de baixo nível socioeconômico e que se considerassem em relações violentas de forma reiterada há mais de três anos com o mesmo parceiro (não foi feita distinção entre casamento legal ou concubinato).

O processo de significação da violência

Diante da desconstrução da história de violência com quem a viveu, pode-se perceber que os episódios assumem diferentes significados no decorrer do tempo e na freqüência. Os eventos são de alguma forma atrelados aos subseqüentes, embora notem-se mudanças qualitativas no entendimento e comportamento.

Existe uma trajetória de desinvestimento na relação conjugal que pode ou não culminar na separação segundo significações e ressignificações dos episódios de violência. Tal processo é gradual, porém progressivo, modificando a ênfase que é dada para cada ato de violência, mesmo que na aparência idênticos...

... ele gostava de mim, ele queria até me matar depois que ele soube que eu fui morar com esse outro, correu foi léguas atrás de mim com o facão... (H.)

Em muitos momentos, torna-se explícito que os atos em si, mesmo que agridam ou atinjam a integridade pessoal, não são o que mobiliza ou norteia a ação dessas mulheres. Mas, sim, a intenção que é atribuída a esse mesmo ato, que é construído dentro da relação conjugal, contando com a intersubjetividade de cada uma das partes e que é intimamente imbricado, definindo e sendo definido pelo que é estabelecido como "realidade".

Assim sendo, a violência verbal/moral parece ser mais ostensiva na medida em que é aparentemente menos lacunar; é mais incisiva, pois uma das partes impõe uma "narrativa" como a verdadeira.

...violência para mim a primeira coisa é a moral, a pessoa te fala aquelas coisa que é pior do que te dar uma porrada, você é isso, é aquilo. É a mesma coisa que te dar um soco, uma apunhalada nas costas. E o meu marido faz isso muito bem. Ele é pirracento, de matar na unha, fere com a língua e acaba na agressão. (Al.)

A violência desvinculada de seu contexto significativo é colocada em um mesmo patamar como qualquer outro comportamento (as "brigas" são esperadas), sendo algo indiscriminado que não permite nenhum tipo de reação, já que não existe um modelo para balizar o comportamento. Existe a crença de que "as brigas" tornam-se abusivas quando são a expressão de problemas individuais patológicos.

...Eu nunca consigo reagir, eu tenho medo, medo das palavras dele, ele diz que eu vou destruir o lar, que ele pode até perder o emprego por minha causa, eu não queria ser assim, mas eu acabo desistindo de tudo... Acho que eu sou culpada por tudo isso, não tenho culpa por ficar doente, ele quer me matar aos poucos. O que eu posso fazer? (C.)

Quando as entrevistadas não conseguem entender o porquê da violência, as idéias ficam confusas a ponto de depararem com a mais absoluta impotência. São confrontados valores considerados absolutos, tais como "a harmonia do lar" com sentimentos muito intensos e geradores de grande sofrimento, "me matar aos poucos". Na maioria dos casos a importância do casamento é colocada como soberana à presença de violência. A possibilidade de separação é vista como um desvio e, portanto, algo para ser corrigido e evitado; a família tradicional, intacta, é o protótipo a ser seguido, apesar da violência.

Numa linha de pensamento dicotômica (que ainda é a predominante), mantêm-se estabelecidas as polaridades: o certo e o errado; o bem e o mal; a vítima e o agressor etc.; o que acaba por dificultar a compreensão que poderia servir como norte para os envolvidos nessa situação. As mulheres deparam com seus maridos que são "do bem"; mas também são "do mal" e com elas mesmas, que se esforçam para fazer tudo "certinho" e ser "do bem", mas só podem concluir que devem ser "do mal", porque do contrário tudo daria certo, não precisariam receber o castigo, ou não?

Retrospectivamente, as mulheres referem que se hoje identificam o que estão passando como o início da vivência dos episódios de violência, na ocasião mal conseguiam nomear o que estavam vivenciando. Relatam um desespero motivado por um desencantamento e/ou decepção, um sentimento indiferenciado que em alguns momentos é referido como um vazio, que as deixa perplexas e sem possibilidade de ação, já que não existe uma configuração de um problema, não conseguem nem mesmo conversar com outras pessoas sobre a sua vivência.

> *... Eu não sei se é violência, só sei que sentia um vazio. Só agora que eu estou pensando, eu guardei muito tempo não conversando nada com ninguém, eu nunca achei que era violência, isso aí eu nunca achei. Mas depois eu fui ficando magoada com isso e fui me sentindo vazia...* (F.)

Nesse momento, parecem se mesclar e sobrepor expectativas e crenças diversas vindas de várias fontes referenciais, tais como: vivências pregressas, sistema de valores, mitos pessoais e familiares, auto-estima e auto-imagem que acabam por cooperar com a manutenção da situação instalada.

Em outros casos conseguem-se identificar as "brigas", embora o significado torne-se tão difuso que também não há como manejá-las ou prevê-las, caindo num rol de imprevisibilidades. Não há como se visibilizar um culpado e, assim, poder tomar medidas efetivas e eficazes.

> *....a violência é assim, se não conversa, um trata o outro com ignorância, aí começa, falando, falando, quando vê estó na briga..., a violência vai acontecendo devagarinho, quando nós vê já foi... Até hoje, não sei por que é que começamos a brigar, não sei se era porque era ciúmes, se era porque era ignorante mesmo, era meio doida também. Brigava porque ele queria de um jeito, eu queria de outro. Por exemplo, ele passava dois meses sem querer nada comigo em casa, eu dizia que ele estava com outra... aí, começava a briga, toda a vida foi assim.* (H.)

A não-compreensão da violência é incrementada ainda mais quando se acredita que se cumpre com o que era previsto no desempenho do papel conjugal, não encontrando motivos que possam justificar a presença do descontentamento e a conseqüente forma de coerção (castigo) e/ou correção (educação), veiculados pela violência.

> *...o pior de tudo eram os palavrão, os nomes que ele punha em mim, que ele me bateu, coisa que eu não merecia. Eu falava para ele uma puta de rua não apanha e eu uma dona de casa, que me dedicava só para o lar, lavava, passava, tudo direitinho, fazia as comidinhas tudo do jeito que ele queria. Comida típica, inclusive que eu não sabia cozinhar, aprendi tudo com a mãe dele. Todo dia era uma comida diferente, fazia tudo para agradar ele e mesmo assim ele não estava contente...* (N.)

Atreladas à não-compreensão das ocorrências de violência, as mulheres passam por um longo período ocultando e negando-a, não podem falar sobre os atos, pois podem estar tornando explícito algo que deponha contra elas mesmas, seja por estar fazendo algo errado, seja pelo parceiro ter algo errado e, assim, ter feito uma má escolha, ou, ainda, por não tomar uma atitude, permitindo que a situação se desenrole etc. Muitas vezes, existe também a preocupação de preservar o marido com o qual não deixam de ter, pelo menos a princípio, um pacto de lealdade. Portanto, a violência adquire o significado de segredo (Imber-Black, 1994).

> *...a gente casado de novo dava vergonha, né? Da família, no outro dia sair para fora os vizinhos continuar olhando, então eu tinha aquele certo receio, né? Muitas vezes a minha mãe perguntava como estava. Eu dizia que estava tudo bem e nada bem, eu passava russo lá, mas eu falava que estava bem, eu tinha até vergonha de falar para minha mãe, ele fez isso, fez aquilo. Só que chega uma hora na vida que tudo tem que ter um basta.* (M. C.)

Surge a idéia de que os interlocutores podem vir a pressionar o casal ou uma das partes a uma tomada de atitude em um momento no qual não existe um esclarecimento e/ou respostas que possam nortear as suas possibilidades de conduta. A violência torna-se um segredo do casal em um período de silêncio.

O silêncio parece ter o propósito de proteger: o casal, cada uma das partes e as respectivas famílias de origem. Em alguns casos também representa uma tentativa de diferenciação das famílias de origem pela delimitação de fronteiras.

> *...eu não contava para a minha mãe. Eu queria que minha mãe achasse que o meu casamento estava dando certo, porque minha mãe foi contra quando eu casei... o P. me batia, eu chegava lá com o olho roxo e ela perguntava e eu dizia que tinha batido no canto da parede, num ferro, que minha casa estava em construção, eu sempre mentia para ela... para os pais dele a mesma coisa e para as minhas tias a mesma coisa... eu dizia que nós éramos feliz, mas era tudo mentira. Eu queria que eles acreditassem que o meu casamento estava dando certo, eu tinha errado, não podia dar o braço a torcer...* (N.)

O temor de possíveis reações coercitivas, por parte da família, e em especial pelos homens da família, é outra variável. Quando há a intervenção de terceiros a tendência é que a unidade conjugal se alie unindo forças contra o interventor. Daí, explicitam-se os mecanismos acionados para manter o sistema conjugal, o segredo apresenta-se como uma boa estratégia.

> *...eu vivia sofrendo muito, eu não queria que minha família soubesse, nem meu pai, chorava só dentro de quatro paredes, só... eu sofria porque ele bebia, bebia muito, saía de casa, logo assim, com um ano de casamento ele já estava me dando muito desgosto, chegava fora de hora... eu não contava porque eu tinha medo, meus irmãos podia ir reclamar com ele e ele era muito ignorante, né? ...e eu tinha vergonha do que ele aprontava, eu sentia vergonha de falar o que acontecia comigo, o que ele fazia, né?* (A.)

Há uma grande diferença quanto ao significado da violência quando um ato se torna visível, público ou permanece invisível e, assim, a diferença entre uma ameaça e a consumação. É importante frisar que o conceito de público e privado deve ser entendido no âmbito da especificidade de cada estrato socioeconômico-cultural. As barreiras entre um e outro são subjetivas, seguindo critérios diversos quanto ao limite espacial, aos valores e à ética.

> *...A última vez que ele me bateu, não faz muito tempo,... mas nunca bateu no meu rosto para mim ficar com o rosto roxo, igual eu vejo muitas ficar, né? Às vezes, ele bateu no meu rosto, ele bateu um tapa, foi umas duas vezes ele bateu no meu rosto dando tapa, mas nunca deixou o meu rosto marcado. Agora de dar tapa na cabeça, uma vez ele me deu um soco, assim com a mão fechada, eu sei que eu já ia deitar, eu sei que desceu a sangueira de sangue, me sujou toda de sangue. ...Agora ele sempre me batia no ombro, ele batia assim, que era para o ombro descer, que até esse braço meu aqui, às vezes eu sinto dor no braço, no ombro... mas não era sempre todo o dia, toda a semana. Não batia porque quando às vezes ele ameaçava ia pegar a faca assim, às vezes, eu corria para dentro do banheiro, eu me trancava.* (A.)

Em certas circunstâncias a violência parece ser relativizada diante dos ganhos por se manter a relação (Gregori, 1993; Gheler, 1995). Muitas vezes, as mulheres consideram que seus maridos são bons; outras, têm restrições morais e de formação em relação à idéia de separação:

> *...Eu pensava: uma mulher largar do marido é feio. Eu tinha esse negócio comigo... eu ficava com ele se ele não tivesse saído e não bebesse e não brigasse...* (L.)

E, ainda, há as que consideram que, diante do tempo que cumulativamente foram despendendo na relação, não se sentem em condições de romper com ela sem se desorganizar na sua identidade e história de vida.

As brigas dentro de casa parecem fazer parte do cotidiano familiar, havendo uma discriminação de papéis para cada membro da família e, até mesmo, uma seqüência de eventos que se repetem, sendo possível prever o encadeamento dos comportamentos.

> *...no começo quando ele começava a briga... eu para mim não ficar nervosa e para a briga não aumentar mais. Eu tinha dois cachorros, então eu largava ele falando sozinho e pegava e ia dar comida pros cachorros, sem ser hora... para ver se podia continuar a situação de ficar morando junto com ele. No começo deu certo, depois quando ele percebeu, ele ia atrás de mim e ficava me xingando...* (N.)

Parece ser equivocado afirmar que nesses casos houve a dessensibilização diante da violência doméstica, mas na verdade ela nunca se manifestou. A descrição da realidade conta com esse tipo de relacionamento, desde que não seja objeto de visualização fora do espaço doméstico. Muitas vezes acredita-se que pela violência pode-se "consertar a relação", ou, ainda, que é uma situação passageira ligada ao ajuste entre o casal ou à maturidade.

A situação de ambigüidades e de conflitos latentes vai intensificando a tensão entre o casal, o que freqüentemente tende a ocasionar a perpetuação da violência de forma cíclica. Nesse momento, a violência parece começar a assumir o significado de catarse, a descarga de sentimentos difusos e encapsulados.

O desconforto no relacionamento conjugal ganha um contorno mais definido, o que acaba por motivar a "fazer de tudo" para melhorá-lo. Surgem as ameaças, advertências ao marido e um gradual desinvestimento, que passa do implícito para o explícito com a deflagração da raiva, sendo expressa, em última análise, pelo revide às agressões físicas ou por ofensas e pela *despotencialização* de ambas as partes.

> *...fiz de tudo para continuar com ele, viver com ele, ficar com ele. Mas ele não estava acreditando no que eu estava falando para ele. No começo eu abri muito o olho dele. Eu falava que se continuasse desse jeito que a gente não ia continuar junto...* (F.)

A tendência é identificar que o problema está no outro, no caso, o parceiro. Acredita-se na possibilidade de identificar e isolar o "problema", ou seja, um único motivo que congregue todo o significado da cadeia de violência que vem se instalando, para assim poder adotar algumas estratégias a fim de saná-lo. À medida que a expectativa é frustrada, são potencializados os sentimentos de impotência, descontrole e angústia, instaurando-se um ciclo de retroalimentação.

> *...porque sei lá, quando você está nervosa com alguma coisa, tem que descontar em alguma coisa, é para poder sair para fora. Como eu não consegui dar nele, a vitrola estava perto e eu descontei na coitadinha da vitrola...* (M. C.)

Algumas vezes são encontradas explicações de ordem natural para o entendimento da origem dos problemas conjugais, a qual é atribuída à "essência" do marido (o "verdadeiro eu") ou à imaturidade dele, ou ainda, ao uso abusivo de álcool. Tal evidência está de acordo com o que sugere Gregori (1993) quando aborda a questão das fraquezas masculinas: “a bebedeira e a mulherada” traz explicações ligadas à fatalidade, à doença/trauma ou à falta de virtudes morais por parte do cônjuge.

> *Eu nunca imaginei que ele pudesse ser agressivo, não sei se foi o tempo que ele sofreu preso... não sei se, por dentro, ele realmente já era agressivo, porque uma vez ele falou para mim que namorava com uma menina e ela foi encher o saco dele e ele bateu nela, mas até então eu achei que era coisa de moleque...* (R.)

Em vários momentos, a continuidade do casamento é ameaçada, embora seja notório o hiato que surge entre as ameaças e a opção pela separação, o que acaba por servir como uma potencialização para os conflitos do casal e, ao mesmo tempo, uma descarga momentânea da tensão formada entre eles.

> *...tinha uns 15 anos de casada quando eu comecei ameaçar que eu ia me separar quando meus filhos fossem embora de casa. Enquanto isso as brigas continuavam.* (N.)

O silêncio que mantinha os segredos do casal é rompido. As mulheres sentem a necessidade de falar sobre as suas vivências, recorrem às redes de apoio mais próximas, tais como família e amigos íntimos.

> *Aí depois eu comecei a contar para a minha mãe o que estava acontecendo e ela dizia para esperar um pouco que ele era muito novo, que ele ia mudar, foi passando os anos, foi passando os anos, aí tudo o que ele me fazia eu contava para ela e ela me aconselhava a esperar as crianças crescer... Acho que eu comecei a falar o que acontecia depois de uns quatro anos, aí eu contava para a mãe dele e para a minha mãe... Eu comecei a falar porque eu via: ele não vai melhorar, ele não vai melhorar e eu queria uma pessoa para mim desabafar, pôr para fora...* (N.)

A situação de conflito entre o casal leva ao uso de estratégias que possam apaziguá-los, tais como: acionar a família de origem ou fazer tudo "certinho" para evitar a violência.

> *...prefiro ser falante, eu falo para ele, eu morro falando, ele fala: "vou te dar um soco, quebro a sua cara". Eu falo você tem que dar e dar e me deixar desmaiada no chão porque se deixar meio tonta eu vou levantar e o que tiver pela frente eu te enfio na cara, tem que dar certeiro...* (M. C.)

Dessa forma, as mulheres conseguem colocar os seus limites, seja pela fala ou pelo confronto corporal, embora percebam que apesar da mudança de atitude não conseguem "resolver" as pendências do casal; pelo contrário, elas são potencializadas. De qualquer modo, já existe uma maior apropriação de sua vivência, permitindo minimamente a expressão dos sentimentos vividos.

Por outro lado, as mulheres constatam a impossibilidade de tentar reverter a situação sozinhas, até porque percebem-se intimamente envolvidas, cujo lema poderia ser: "Temos um problema". Partem, então, em busca de ajuda de profissionais da área, com o intuito "de dar um susto" no marido, motivando-o a uma mudança de atitude, ou de uma solução para o problema de ambos; parecem querer terceirizar o conflito conjugal.

> *...uma vez só fui na delegacia da mulher, porque já tinha ficado muito com cara roxa, tinha rasgado minha roupa, me jogou em cima de um copo que entrou nas minhas costas e cortou, uma bagunça... mas eu não queria que ele fosse processado, então não fiz o BO... eles deram conselho mas também eu não queria conselho eu queria uma ajuda (?) era que tirassem ele de casa...* (Al.)

Existe a expectativa de que o terceiro, a "autoridade", diga o que é certo e errado, o que é direito ou não. Esperam obter uma resposta "mágica", que venha de fora, ou seja, estabelecem uma relação de dependência com a "autoridade" e com o seu meio familiar, cuja pretensão é investir na relação, na melhora. Nesse momento existe a procura das delegacias comuns e especializadas (Delegacia da Mulher), centros de defesa e atendimento à mulher, bem como recorrem a profissionais como médicos, psicólogos, advogados, entre outros. Diferentes correntes religiosas são procuradas como outro canal de "esperança" na busca de uma solução, agindo também como reguladores sociais.

> *...eu falei para ele que a gente só vai falar. A doutora (advogada) vai ver; dar um conselho; alguma coisa; uma saída para nós...* (C.)

> *...a idéia de ir na delegacia era para ele sumir de dentro de casa, a raiva era tão grande que era para ele sumir, eu queria não ver mais a cara dele, embora logo depois eu me arrependesse.* (H.)

> *...vim aqui porque achei que não tinha mais jeito... o juiz ia dar o direito dele sair. Ele já adulterou, vai perder todo o direito. Mas eu falei para a advogada que eu gostava dele, se tivesse um jeito de melhorar, eu quero uma ajuda, vim pedir uma ajuda.* (H.)

> *...eu falei, agora vou na igreja, que é para dar um jeito. Mas eu era daquela evangélica que ia uma semana e ficava dois meses sem ir, nunca levei a sério também... Aí fiquei dez anos na igreja e está a mesma coisa. Fazia simpatia para melhorar e nada. De uns tempo para cá eu desisti, ele dizia que eu estava interessada no pastor ou em algum irmão. Mas nessa época eu ficava mais calma, porque o pastor dizia que a gente tinha que ser submissa e esse negócio que não pode dar orelha ou rabo para o diabo pegar... Aí, quando eu parava de ir era porrada para tudo quanto era lado, porque se a gente não faz fica com raiva... Cheguei até a ir num terreiro, mas no final fiquei com medo e não apareci mais...* (Al.)

> *...Após a separação da primeira vez... chegou a um ponto que eu pensava que tudo ia acontecer para frente como era antes, que a gente ia viver um casal feliz, eu dei a chance para ele, voltei. Ele prometeu para o advogado que não ia fazer mais nada daquilo. O advogado deu todas as normas...* (M. S.)

Vários casais recorrem aos profissionais com vistas ao conserto da relação. Os profissionais servem como reguladores sociais que muitas vezes favorecem a reestruturação do acordo matrimonial.

Recorrer a essas instituições/profissionais, bem como às separações sucessivas, com freqüência é algo que passa a integrar o padrão relacional da violência, sendo mais uma das mudanças que favorecem a manutenção do *status quo.*

> *...eu fazia boletim para ele... os delegado dava uma lição nele. Quando chegava em casa começava de novo, ele passava a mão nas coisas dele e ia embora outra vez... (quando eu ia na polícia) eu queria um conselho para ele não bater mais, eu ia para chamar um conselho, para a polícia assustar, para ele não bater mais em mim, toda vez que ele batia eu ia.* (L.)

> *...mesmo que ele me agrediu eu tinha vontade de dar mais uma chance. Aí, ele veio, pediu desculpas, juntou o útil com o agradável... vontade de tentar arrumar o casamento, porque até então, eu gostava dele. E tudo isso, foi logo após que ele tinha arrumado uma namorada, mesmo casado comigo, engravidou a menina e decidiu que não ia ficar com ela, que realmente ia ficar comigo e tal, tal, tal. Eu falei: "Bom, já que realmente ele decidiu isso, vamos ver, vamos fazer por onde melhorar...", só que por dentro de mim eu comecei a mudar, sem eu notar ou até mesmo querer, acho que eu comecei a desgostar dele...* (R.)

Por intermédio desse excerto de entrevista parece ficar claro que, embora ainda exista interesse em se manter a relação, um processo gradual vai transformando o relacionamento com o parceiro no entendimento e na conseqüente reação à violência. Esse processo parecer ser intimamente inter-relacionado.

A vivência de todo esse processo conduz a uma mudança de ótica. As intervenções sobre os fatos em si passam a ser percebidas como efêmeras e não sustentam os resultados no decorrer do tempo, levando ao desgaste e à cronificação de determinados padrões relacionais. O encadeamento das situações de violência vai sendo potencializado e elas aglutinadas de tal forma que vão se tornando mais complexas. Por conseqüência, o entendimento torna-se igualmente mais complexo. A tentativa de buscar respostas simples, pautadas em causas isoladas, torna-se redundante e parece só incrementar a complexidade do fenômeno, já que, em vez de responder, amplia o número de indagações.

Dessa forma, a ótica recai sobre o relacionamento em si e o posicionamento pessoal nele, incluindo os sentimentos suscitados e a autonomia para transformação.

> *... De uns quatro anos para cá eu falei não. Preciso me amar mais, preciso me encontrar comigo, porque eu estava perdida nesse meio todo porque eu vivia em função dele, da minha família e o que os outros iam achar... eu estava muito deprimida, desgostosa que eu não queria nem viver mais nem por meus filhos, nem por mim, nem por nada... Eu dizia que eu preferia morrer do que ficar no sofrimento que eu estava... e foi nesse momento que eu estava no poço, lá embaixo que eu fui analisando a minha vida, os anos, os dias, o sofrimento que eu passei com ele que eu cheguei a tomar a decisão que eu tive agora que não dá mais... o que mais pesava eram as coisas ruins, falei, certo, está na hora da minha grande virada...* (Al.)

A auto-reflexão, o "balanço de vida" conduzem à apropriação da própria vida, sendo essa a chance de transformá-la. Torna-se possível perceber o envolvimento e a co-responsabilidade pela perpetuação dessas vivências dolorosas e, assim, as mulheres passam a se exigir uma mudança de atitude, pois do contrário se vêem obrigadas a aceitar a sua própria imagem de agressoras. Adquirem a certeza de que um terceiro (marido, família ou profissional) não pode conduzir o processo, no máximo pode auxiliá-la.

Esse parece ser um período de teste, a última moratória, um período de reorganização diante do novo posicionamento que inclui desde o enfrentamento dos medos e possíveis alterações de identidade até a organização material necessária perante uma situação de separação ou divórcio.

> *...aqui eu vim para saber o que eu podia fazer. Para mim sair dessa fase que eu não estava mais a fim de segurar ela, estava num ponto que chegava, queria uma ajuda, um apoio de pessoas que lida com essa parte... Porque eu estou tão acostumada nessa vida, estava com medo da vida aí fora, porque eu não sei mais nada. Eu sei assim preço de compra, mas recomeçar tudo de novo e estava fora de tudo...* (Al.)

Durante o período de "teste", algumas pessoas tentam a reconciliação. Em alguns casos há uma alteração na comunicação e no relacionamento em si, levando à supressão dos atos de violência e a uma relação muito mais satisfatória.

Já, em outros casos, a tentativa de reconciliação é frustrada, desencadeando em atos de violência.

> *...ele já me agredia sério... Ele chegou ao extremo, pegou copo, quase que bem dizer, ele me mata mesmo. Apesar que das outras vezes também, mas dessa vez achei que tinha passado o limite e, aí, eu peguei e fui embora (?)... ele chegou a me agredir feio, mas eu acho que foi por dentro de mim que chegou ao limite, dei um basta.(?)... é a vontade de poder fazer alguma coisa, não tinha forças para poder fazer algo contra ele, aí, ia juntando aquele negócio dentro de mim, aquela raiva e, aí, até que na última vez que ele me agrediu, eu decidi que eu ia embora, que eu não queria mais ele... Aí, nesse último, criei forças e fui embora... eu acho que foi a gota d'água, uma continuação de tudo que vinha acontecendo, no entanto, que desde aquela época eu não aceito mais ele...* (R.)

A decisão pela separação não é determinada pela gravidade dos episódios de violência – apesar de um raciocínio simplista tender a encaminhar por essa vertente –, mas, sim, por um limite interno.

Tal limite é balizado pelo desejo em investir na relação, que por sua vez é motivado por muitas variáveis inter-relacionadas. No outro extremo, encontra-se o desinvestimento total em relação ao marido, e não mais em relação à situação. A mudança de tipo de relação não parece mais ser o suficiente, há um desencantamento com o cônjuge.

Em última instância, a violência parece adquirir o significado de uma decorrência de todo o desgaste emocional e comunicacional pelo qual o casal passou.

> *...o que me agride mais é ele me chamar de puta. Mas ultimamente, eu já estou nem ligando que ele me chama. No começo até era. Quando ele começava eu já partia para ignorância, mas agora eu não estou indo na conversa dele.* (M. C.)

Os motivos da separação ficam difusos, a violência física, verbal, moral perde o foco de importância, só prevalecendo o total desinteresse pelo parceiro.

Nesse período é comum haver uma supressão da violência física e em alguns casos prevalece a absoluta indiferença entre o casal, que passa apenas a dividir um espaço enquanto não há uma definição na situação. Entretanto, a ausência de violência não é um motivador para a reconciliação, trata-se de uma mudança de investimento: o foco agora é o pessoal.

Assim, o limite do agüentar a violência e do pedido de separação passa por um processo que não é linear, mas que evolui circularmente e culmina no total descrédito e desinvestimento na relação. Isso se dá de forma imbricada com os diversos significados atribuídos às vivências do casal que servem como norteadores de sentido no referido processo.

De maneira sucinta, pode-se dizer que pela análise das entrevistas foi possível identificar cinco momentos distintos nos quais vão se alterando os significados e as formas de enfrentamento da violência conjugal. Muitas vezes, esses momentos parecem sobrepostos, mas pela desconstrução do histórico de violência do casal foi possível perceber uma evolução orientada por crises no sistema que vão conduzindo ao processo de mudança com os seus respectivos ajustes e reajustes.

Conversando sobre os significados e práticas de intervenção

Evidenciou-se nessa investigação que, apesar de todos os elementos de ordem sociocultural, política, padrão de vinculação, características psicológicas, relações de poder e de gênero, entre outros, em determinado momento, algumas mulheres resolvem pôr um fim à situação, conseguem romper com o padrão relacional de violência, pautando-se em um limite interno, em uma decisão pessoal.

Todavia, seria ingenuidade aventar que se trata de um momento súbito de decisão. Na verdade, o que pôde ser percebido por esse estudo é que se trata de um processo evolutivo que é co-construído no espaço inter-relacional do casal, assim como permeia e é permeado por todo o seu ecossistema.

Tal processo é constituído e constitui uma rede de significados que definem o que é a realidade e como se posicionar diante dela. Lembrando a analogia utilizada por Maturana e Varela (1995, p. 166), quando narram sobre o entendimento humano:

> [...] imaginemos uma pessoa que passou toda a sua vida dentro de um submarino; nunca saiu dele, mas recebeu um treinamento perfeito de como operá-lo... (para ela) só existem as leituras dos indicadores, suas transições e maneiras de obter certas relações específicas entre elas. Somente para nós do lado de fora, que vemos como mudam as relações entre o submarino e seu meio, a conduta do submarino existe e parece mais ou menos adequada conforme suas conseqüências... Entidades como praias, recifes e superfícies valem unicamente para observadores externos, não para o submarino ou para o piloto que opera como componente deste.

De acordo com os casos estudados pôde-se perceber que os episódios de violência, segundo os olhos de quem observa, não têm grandes variações em termos da severidade ou danos à integridade física, moral ou psicológica dos envolvidos. Entretanto, a narrativa da significação atribuída a cada ato é radicalmente diferente no percurso de cada um dos sujeitos e, conseqüentemente, orienta a sua atitude diante da situação, definindo inclusive o limiar para investir ou desistir da relação conjugal.

O desenvolvimento do significado e do entendimento da violência seguem um processo evolutivo complexo e não linear, no qual as vivências, experiências e os sentimentos vão se sobrepondo, articulando, transformando, orientando e sendo orientados pelo padrão relacional, pela tomada de atitudes e pelo que é definido como realidade.

De maneira genérica, todas as entrevistadas vêem a violência como um comportamento como outro qualquer, passível de estar presente em diferentes níveis de relação. Na maioria dos casos, a definição de violência aparece como a expressão de algum problema com uma causa isolada e, portanto, com potencialidade para a mudança desde que seja possível identificar a sua origem e intervir sobre ela. O que denota a gravidade de um episódio de violência não é o ato em si, mas a intenção dele, ou seja, a suposta motivação do outro, sempre na busca de justificativas para comportamentos pontuais, episódicos, perfeitamente compreensíveis pelos sujeitos dentro da história de sua relação.

Muito freqüentemente a literatura tende a interpretar a diversidade de significados que orbitam em torno da violência (Kaufman, 1994) como uma negação, minimização e/ou justificativa para os atos por parte dos envolvidos.

Tal assertiva parte do pressuposto de que existe uma Verdade cognoscível e mensurável que habilita o observador a avaliar o nível de violência de maneira irrefutável. Dessa forma, ignora-se a dimensão subjetiva, ligada aos significados que suplantam a vivência da violência. Em outro extremo, corre-se o risco de aderir a comportamentos niilistas ou solipsistas, que inviabilizariam a construção de um conhecimento, ou, ainda, poderiam negar os atos de violência que reconhecidamente já lesaram e mataram tantas pessoas.

Uma atitude alternativa parece residir na possibilidade de se ser empático e manter-se interrogativo diante da leitura que se faz dos atos violentos permitindo que seus significados se tornem visíveis. Mediante múltiplos pontos de vista torna-se possível ao observador compreender e se comunicar com o observado, podendo atuar como um facilitador no processo de aquisição de padrões relacionais diversos que conduzam a vivências mais pacíficas.

À medida que as pessoas têm a oportunidade de entrar em contato com novas narrativas sobre a sua história, podem se perceber diferentes perante novas conotações. Da mesma maneira, quando a vítima pode confrontar o seu ofensor há o reconhecimento e a personalização recíproca, quer dizer, desfaz-se a cristalização dos papéis, surgindo os sujeitos sociais, em eqüidade na relação e, assim, com possibilidade de negociação e confronto, residindo aí a chance do rompimento do padrão de violência. Como pôde ser ilustrado nessa pesquisa, a maioria dos eventos de violência foi cessada com mudanças de atitudes relacionais.

Os índices de violência urbana e doméstica evidenciam que medidas coercitivas conduzem, na melhor das hipóteses, a mudanças adaptativas que se mantêm enquanto a coação persistir. Na ausência desta, a tendência é que se repitam os padrões anteriormente automatizados e/ou naturalizados. Ou seja, mantém-se a estrutura de poder, revezando-se quem oprime.

A punição não fornece oportunidade de o agressor reparar seu ato; ao contrário, pode conduzir à reincidência, já que mantém e fixa a identidade e o estigma de agressor, minimizando as possibilidades de mudança; o mesmo acontece com a vítima quando é protegida de forma despersonalizada, isto é, quando se destaca a história idiossincrática e significativa e transforma-se a vivência em um crime, num caso de polícia ou de justiça, vedando-se a possibilidade de recuperar o sentido de competência, potência e autonomia.

O amparo legal, o reconhecimento da violência como crime etc. são necessários, servem como respaldo e normatizam regras de convivência. Entretanto, diante das diversidades não bastam, não conseguem se sustentar no decorrer do tempo.

Críticas a essa posição podem ser tecidas quando se entende que explicar a violência via intrapsíquica, intergeracional ou da dinâmica do casal reprivatiza a violência, deixando o crime encoberto. Como contra-argumento pode-se reiterar o até agora exposto, afirmando que a proposta não é negar nenhum tipo de abordagem convencional em relação à violência, mas apenas acrescentar uma visão que propõe o diálogo e a dúvida perante as realidades que se apresentam.

Não se pode esquecer que o narrador de uma história tem uma intenção que extrapola o conteúdo apresentado, por exemplo, uma mulher que se queixa de violência por parte do seu cônjuge pode ter a intenção de falar o que imagina que o seu interlocutor queira ouvir, ou pode ser uma mensagem que intenta suscitar no outro a missão de consertar o marido e/ou a relação, entre outros. Isso não quer dizer que a intenção seja de gerar um engodo, mas representa a significação que se pode atribuir em determinado momento da vida. Se, por outro lado, o interlocutor responde apenas ao conteúdo da mensagem, pode assustar, frustrar ou mesmo violentar o narrador, e aí sim contribuir com a manutenção dos segredos e da confidencialidade em torno da violência.

Pelo exercício reflexivo e pela desconstrução das vivências de violência com quem as vive é possível obter a aproximação necessária para um diálogo efetivo. Este torna visível o processo intrínseco e a possibilidade de mudança que pode conduzir a um novo patamar de realização, pois alarga e amplia as possibilidades de ser no mundo à medida que novas narrativas são apresentadas.

As histórias de tentativas de pôr um fim e/ou resolver as relações violentas descritas pelos vários sujeitos refletiram um processo de mudança no qual pôde-se perceber todo um percurso de mudanças de primeira ordem, entendidas como aquelas que se prestam a manter a homeostase do sistema, evoluindo (sem imputar uma questão valorativa), em alguns casos, para uma mudança de segunda ordem, que, por sua vez, rompe com o padrão de funcionamento estabelecido, gerando novas alternativas de funcionamento.

Vários fatores contribuíram para que se amplificasse o desvio do sistema, gerando uma crise que impeliu a um processo de mudança. Pode-se destacar: a gradativa exposição da vivência do casal à esfera pública (famílias de origem, vizinhos, delegacias, instituições, advogados, entre outros), que acabou por desencadear uma nova forma de se descrever o problema; as diferentes significações que vão sendo atribuídas aos episódios de violência e a conseqüente percepção de que ambos são participantes e autores do problema e, dessa forma, podem delinear o desfecho que lhes parecer mais conveniente.

Sob essa perspectiva todos são co-responsáveis pelo funcionamento dos sistemas nos quais estão envolvidos, reconhecendo que mesmo uma não-ação tem repercussões sobre ele. Assim, homens e mulheres, agressores e vítimas, têm responsabilidade pela qualidade e continuidade das suas relações. Com isso a proposta não é culpabilizar as vítimas, mas, ao contrário, reconhecer a autonomia e a potencialidade para mudança destas.

De acordo com a análise das entrevistas, pode-se notar que a partir do momento em que as mulheres puderam se perceber diferenciadas do processo relacional que as envolvia – rompendo com mitos pessoais, crenças, papéis e prescrições familiares e/ou sociais que contribuíam com a manutenção do ciclo da violência, como o desempenho do papel de vítima –, passaram a agir como sujeitos autônomos, com possibilidade de autoria de sua história, favorecendo a aquisição de novos padrões de relacionamento que vão além da decisão ou não por uma separação conjugal, mas abrem a possibilidade de manter relações mais gratificantes do ponto de vista de quem as vive.

Os entraves sinalizados que diziam respeito sobretudo ao medo de violência e proteção à família, subsistência econômica, educação e criação dos filhos puderam ser superados ou manejados quando o sujeito podia vislumbrar e construir projetos de futuro sob a perspectiva do auto-investimento.

Dessa forma, a violência entre casais não foi entendida como uma coisa, como um conceito acabado que não permite alteração. O histórico das dez mulheres entrevistadas permitiu evidenciar que as alterações são possíveis e podem ser potencializadas com medidas que favoreçam a desconstrução das vivências de violência, destacando-se o novo com base no familiar, e propiciem a construção de novas narrativas e possibilidades.

Enquanto não houver a conscientização de que o sentido não é o óbvio e a saída não é igualmente óbvia, as medidas serão estéreis. As implicações e o fenômeno da violência são recursivos.

Cabe recordar que as mulheres entrevistadas foram unânimes em afirmar que as palavras doem mais do que os tapas, a dor é subjetiva e, portanto, não dá para ser mensurada pela intensidade dos hematomas e é o que mobiliza para um pedido de ajuda. Freqüentemente as delegacias da mulher eximem-se de registrar a violência verbal, daí os usuários criarem uma cultura que dita que esses órgãos não resolvem nada.

Acompanhar a descrição dessas mulheres trouxe contribuições importantes para nós profissionais que trabalhamos na área de violência, pois alertam para a importância do deter-se no significado dos discursos apresentados; as palavras podem estar sendo empregadas com uma conotação diversa daquela que o profissional imagina, abrindo margem para uma série de equívocos e atendimentos ineficazes. Parece ser evidente que cada necessidade tem de ser atendida ao seu tempo, não há como o interlocutor externo interferir nesse processo tentando imputar uma realidade que é desconhecida para quem a vive. A verdade, a história devem ser co-construídas na relação técnico–cliente.

A ineficácia de algumas campanhas públicas podem estar vinculadas à dificuldade da unicidade de um significado.

Os profissionais devem se abrir para reavaliação dos seus próprios códigos culturais, valores e suas opções de intervenção, quando se dispõem a trabalhar com a temática, tendo clara a impossibilidade de se manterem comprometidos com uma única verdade.

A ação preventiva sobre a violência, no seu aspecto interventivo, deve buscar uma atitude de empatia com todos os envolvidos na situação (incluindo aí o agressor), buscando a desconstrução dos significados correntes da violência, favorecendo o apoio emocional e o contato com modelos alternativos de resolução de conflitos, buscando soluções não violentas, cooperativas e o desenvolvimento da habilidade de comunicação. Isso se dá pelo desenvolvimento do sentimento de pertinência e pela reciprocidade com o ecossistema.

No âmbito de políticas públicas deve-se tentar reduzir o isolamento social e incentivar políticas sociais de apoio às famílias, promover trocas socioculturais, estimular e criar redes e recursos de apoio social, promover e apoiar organizações não-governamentais, assegurar o apoio institucional e potencializar a competência dos serviços e dos profissionais, incentivando a pesquisa, o estudo, a capacitação e a atualização em busca de maneiras alternativas de enfrentar as diferenças, os conflitos, a violência, sobretudo quando se está exposto a uma sociedade cada vez mais violenta.

Entende-se a necessidade de desenvolver pesquisas que se prestem à ampliação e atualização de modelos de atendimento, intervenção e prevenção da violência que tragam em seu escopo a noção de resoluções alternativas de disputas, negociação e Mediação de Conflitos. Tais aportes são compatíveis com os pressupostos epistêmicos necessários na tratativa de fenômenos e situações complexas como as indicadas aqui.

Este estudo parece ser oportuno na medida em que representa mais uma iniciativa de tentar romper o ciclo homeostático que mantém a violência mediante vivências dos envolvidos nesse mesmo ciclo. Desponta-se o emprego de uma epistemologia compatível com uma realidade plural na qual coexistem múltiplas injunções paradoxais que só podem ser entendidas e manejadas pela ótica da complexidade. Propõe-se o olhar "investigativo e dialógico" sobre o fenômeno, servindo como sugestão e reflexão para os profissionais da área.

Referências bibliográficas

ALPERT, E. J. "Internist new 'Disease' or new agenda?" *Annals of Internal Medicine*, 123, n. 10, 1995, pp. 737-46.

ANDERSON, Harlene; GOOLISHIAN, Harold. "Human systems as linguistic systems: preliminary and evolving ideas about the implications for clinical theory". *Family Process*, 27, 1988, pp. 371-93.

ANDOLFI, Maurizio. *Tempo e mito em psicoterapia familiar*. Porto Alegre, Artes Médicas, 1989.

ARIÈS, Philippe. *História da vida privada: da Europa feudal à Renascença*. São Paulo, Companhia das Letras, 1990.

__________. *História da vida privada: Da Primeira Guerra a nossos dias*. São Paulo, Companhia das Letras, 1990.

__________. *História social da criança e da família*. Rio de Janeiro, Zahar, 1978.

AVNI, Noga. "Characteristics of their courtship days". *Journal of Interpersonal Violence*, v. 6, n. 2, June 1991, pp. 232-9.

BANDEIRA MES. "Pelo avesso da cultura: o feminino". *Insight Psicoterapia*, 17, 1992, pp. 12-5.

BARBIERI, T. de. "Sobre la categoría género. Una introducción teórica – metodologica – Direitos Reprodutivos". *Fundação Carlos Chagas*, Concurso de Pesquisa sobre Direitos Reprodutivos, Prodir, 1991.

BARNETT, Ola W.; MARTINEZ, Tomas E.; BLUESTEIN, Brendon W. "Jealousy and romantic attachment in maritally violent and nonviolent men". *Journal of Interpersonal Violence*, v. 10, n. 4, December 1995, pp. 473-86.

BEN-DAVID, Sarah. "The two facets of female violence: the public and the domestic domains". *Journal of Family Violence*, v. 8, n. 4, 1993, pp. 345-58.

BERG, David N.; SMITH, K. K. "The clinical demands of research methods". In: *The self in social inquiry*. Califórnia, Sage Publications, 1988.

BERLINER, Lucy. "Domestic violence". *Journal of Interpersonal Violence*, v. 5, n. 1, March 1990, pp. 128-35.

__________. "Intervening in domestic violence". *Journal of Family Violence*, v.11, n. 3, September 1996, pp. 128-35.

BOWLBY, John. *Formação e rompimento de vínculos afetivos*. São Paulo, Martins Fontes, 1990.

__________. *Cuidados maternos e saúde mental*. São Paulo, Martins Fontes, 1988.

BRANDÃO, Célia; VICENTE, Reginandréa G.; JESUS, Edson R. et. al. *Projeto Escola e Comunidade na Prevenção à Violência*, Pró-Mulher, Família e Cidadania, São Paulo, 1997, não publicado.

BRUNER, Jerome. *Atos de significação*. Porto Alegre, Artes Médicas, 1997.

BURG, Mary M. V.; HIBBARD, Roberta. "Domestic violence a health concern". *Indiana Medicine*, May/June 1995, pp. 186-90.

CARTER, Betty; MCGOLDRICK, Monica. *As mudanças no ciclo de vida familiar*. Porto Alegre, Artes Médicas, 1995.

CASCARDI, M.; VIVIAN, D. "Context for specific episodes of marital violence: gender and severity of violence differences". *Journal of Family Violence*, v. 10, n. 3, 1995, pp. 265-92.

CASEY, James. *A história da família.* São Paulo, Ática, 1992.

CERVENY, Ceneide M. O. *A família como modelo.* São Paulo, Ed. Psy II, 1994.

CLAES, Jacalyn; ROSENTHAL, David M. "Violence – Men who batter women: a study in power". *Journal of Family*, v. 5, n. 3, 1990, pp. 215-24.

COLLINS, Elaine C. "Qualitative research as art: toward a holistic process". *Theory Into Practice*, v. XXXI, n. 2, Spring 1992.

COUNCIL ON SCIENTIFIC AFFAIRS, AMERICAN MEDICAL ASSOCIATION. "Violence against women – relevance for medical practitioners" *JAMA*, v. 267, n. 23, June 17, 1992, pp. 3184-93.

DA MATTA, R. *A violência brasileira.* São Paulo, Brasiliense, 1982.

DELL, Paul F. "Violence and the systemic view: the problem of power". *Family Process*, v. 28, 1989, pp. 1-14.

D'INCÁO, Maria Angela. *Amor e família no Brasil.* São Paulo, Contexto, 1989.

__________. "Mulher e família burguesa". In: DEL PRIORE, M. (org.). *História das mulheres no Brasil.* São Paulo, Contexto, 1997.

DE LOS RÍOS, R.; GÓMEZ GÓMEZ, R. "Mujer, salud y desarrollo: un enfoque alternativo". *Organización Panamericana de la Salud*, 1992, pp. 15-8.

DEMARIS, Alfred; SWINFORD, Steven. "Relations – Female victims of spousal violence". *Journal of Family*, v. 45, January 1996, pp. 98-106.

FARIAS, Maria A. *Satisfação e insatisfação no casamento: um estudo quantitativo.* 1994. São Paulo, Tese (Doutoramento) – IP, Universidade de São Paulo, São Paulo.

FAZZANI NETO, Roberto. *Comportamento violento: aspectos teóricos. Análise de apreensão e representação de imagens em protocolos de Rorschach de examinandos violentos.* 1994. Dissertação (Mestrado) – IP, Universiade de São Paulo, São Paulo.

FIBGE. *Justiça e vitimização.* Rio de Janeiro, 1990.

FIGUEIRA, Sérvulo (org.). *Uma nova família? O moderno e o arcaico na família de classe média brasileira.* Rio de Janeiro, Zahar, 1987.

FLYNN, Clifton P. "Relationship violence by women: issues and implications". *Family Relations*, v. 39, April 1990, pp. 194-8.

FUKS, Saul. Comunicação oral. XXVI Congresso Interamericano de Psicologia. São Paulo, 1997.

GHELER, Ruth. *Estudos de amor e de apego em mulheres envolvidas em situação de violência no relacionamento amoroso*. 1995. Dissertação (Mestrado) – IP, Universidade de São Paulo, São Paulo.

GIDDENS, Anthony. *A transformação da intimidade*. São Paulo, Unesp, 1993.

GOLDENBERG, P.; MEDRADO; PASTERNOSTRO. "A violência contra a mulher: uma questão de saúde". In: LABRA, M. E. *Mulher, saúde e sociedade no Brasil*. Petrópolis, Vozes, 1989.

GOLDNER, Virginia; PENN, Peggy; SHEINBERG, Marcia et. al. "Love and violence: gender paradoxes in volatile attachments". *Family Process*, Inc.; v. 29, n. 4, December 1990, pp. 343-64.

GOMES, Elenice A. *A dinâmica vincular no relacionamento conjugal (Um estudo psicossocial com abordagem fenomenológica-existencial)*. 1994. Dissertação (Mestrado) – IP, Universiade de São Paulo, São Paulo.

GREGORI, M. F. *Cenas e queixas: um estudo sobre mulheres, relações violentas e a prática feminista*. Rio de Janeiro, Paz e Terra, 1993.

GROSSI. *Violência contra a mulher*. Consultoria solicitada pelo Comitê Nacional para a IV Conferência Mundial sobre a Mulher em Beijing/95, 1994.

HEILBORN, M. L. "Do gênero: antropologicamente... De Folhetins". *CIEC*, n. 3, Rio de Janeiro, 1990, pp. 39-44.

HEISE, L. *Family planning and gender-based abuse in men in families*, Unicef, June 1994, pp. 43-53.

HYDÉN, Margareta. "Verbal aggression as prehistory of woman battering". *Journal of Family Violence*, v. 10, n. 1, 1995, pp. 55-71.

IMBER-BLACK, Evan. *Os segredos na família e na terapia familiar*. Porto Alegre, Artes Médicas, 1994.

JACKSON, Nicky. "Observational experiences of intrapersonal conflict and teenage victimization: a comparative study among spouses and cohabitors". *Journal of Family Violence*, v. 11, n. 3, 1996, pp. 191-203.

JACOB, M. K. "Efectos subjetivos de la ayuda psicologica – Discusion teorica presentación de un estudio empirico". *PSYKHE*, Revista de la Escuela de Psicologia de la Pontificia Universidad Católica de Chile, n. 1, septiembre 1992, pp. 52-75.

JACOBSON, Neils; GOTTMAN, John M. *When men batter women*. Simon & Schuster, 1998.

KAUFMAN, Gus. "O misterioso desaparecimento das mulheres espancadas dos consultórios de terapeutas de família: privilégio masculino em conluio com a violência dos homens". In: *Os segredos na família e na terapia familiar*. Porto Alegre, Artes Médicas, 1994, pp. 200-16.

KOSS, Mary P. "The women's mental health research agenda". *American Psychologist*, v. 45, n. 3, 1990, pp. 374-80.

LANGHINRICHSEN-ROHLING NEIDIG; THORN. "Violent marriages: gender differences in levels of current violence and past abuse". *Journal of Family Violence*, v. 10, n. 2, 1995, pp. 159-74.

LANGLEY, R. "Por que uma mulher aceita isso?". In: *Mulheres espancadas – fenômeno invisível*. São Paulo, Hucitec, 1980.

LARRAIN, S.; RODRIGUEZ, T. "Los origines y el control de la violencia domestica en contra de la mujer". In: *Genero, Mujer y Salud en las Americas*. OMS, 1993, pp. 202-9.

LEMPERT, Lora B. "Women's strategies for survival: developing agency in abusive relationships". *Journal of Family Violence*, v. 11, n. 3, 1996, pp. 269-89.

MACEDO, Rosa M. S. de. *Adolescência e sexualidade: uma proposta de educação para a família*. São Paulo, Núcleo de Estudos da Família e Comunidade/PEPG Psicologia Clínica/PUC – SP, 1996.

__________. *Violência na família*. São Paulo, Núcleo de Estudos da Família e Comunidade/PEPG Psicologia Clínica/PUC – SP, 1997.

MADANES, Cloé. *Sexo, amor e violência: estratégias para a transformação*. São Paulo, Psy, 1997.

MARRIS, Peter. *Loss and change*. Londres, Routledge & Kegan, 1993.

MATURANA, H.; VARELA, F. *A árvore do conhecimento: as base biológicas do entendimento humano*. São Paulo, Psy II, 1995.

MAYSELESS, Ofra. Adult attachment patterns and courtship violence. *Family Relations*, v. 40, January 1991, pp. 21-8.

MCKEEL, A. J.; SPORAKOWSKI, M. J. How shelter counselors' views about responsibility for wife abuse relate to services they provide to battered women. *Journal of Family Violence*, v. 8, n. 2, 1993, pp. 101-12.

MILITÃO, Maria Nadir de S. *Mulheres de alcoolistas: um estudo das dificuldades de comunicação no casamento, do ponto de vista das mulheres de alcoolistas*. 1991. Dissertação (Mestrado) – Faculdade de Serviço Social, Pontifícia Universidade Católica, São Paulo.

MINUCHIN, Salvador. *Famílias: funcionamento e tratamento*. Porto Alegre, Artes Médicas, 1990.

MINUCHIN, Salvador. *Calidoscopio familiar: imágenes de violencia y curacion*. Buenos Aires, Paidós, 1984.

MONTGOMERY, Marilyn J.; SORELL, Gwendolyn. "Differences in love attitudes across family life stages". *Family Relations*, v. 46, n. 1, 1997, pp. 55-61.

MOON, S. M.; DILLON, D.; SPRENKLE, D. "Family therapy and qualitative research". *Journal of Marital and Family Therapy*, v. 16, n. 4, 1990, pp. 357-73.

MORAES, Noely M. *Sapos não viram príncipes – uma abordagem das perspectivas amorosas de mulheres contemporâneas*. 1994. Tese (Doutoramento) – Faculdade de Psicologia Clínica, Pontifícia Universidade Católica, São Paulo.

MUSZKAT, M. *Desejo de mulher*. Rio de Janeiro, Rosa dos Tempos, 1994.

NOVO, H. *A dimensão ético-afetiva dos discursos sobre a violência: implicações para o processo de convivência social*. 1996. Tese (Doutorado) – Faculdade de Psicologia Social, Pontifícia Universidade Católica, São Paulo.

PAGELOW, Mildred D. "Adult victims of domestic violence". *Journal of Interpersonal Violence*, v. 7, n. 1, March 1992, pp. 87-120.

PAULA, R. F. de. "Fatores predisponentes para violência física contra esposas". In: MACEDO, R. M. S. *Terapia familiar no Brasil: Estado de arte*, Anais... vol. II, 1994.

RICHER, Paul. "An introduction to desconstructionist psychology". In: *Psychology and postmodernism*. Londres, Steinar Kvale, Sage Publications, 1992, pp. 110-8.

ROSEN, Karen H.; STITH, Sandra M. "Intervention strategies for treating women in violent dating relationships". *Family Relations*, v. 42, October 1993, pp. 427-33.

SAFFIOTI, H. I. B. "Rearticulando gênero e classe social". In: COSTA, A. O.; BRUSCHINI, C. *Uma questão de gênero*. São Paulo, Fundação Carlos Chagas, 1992.

_________; ALMEIDA, S. S. de. *Violência de gênero: poder e impotência*. Rio de Janeiro, Revinter, 1995.

_________; CANÇADO, M. E. R.; ALMEIDA, S. S. de. *A rotinização da violência contra a mulher: o lugar de práxis na construção da subjetividade*, 1992 (mimeo).

Salud y Violencia: Plan de Accion Regional. OPS, OMS, 1994.

SARTI, Cynthia A. *A família como espelho – um estudo sobre a moral dos pobres*. Campinas, Autores Associados, 1996.

SCHNITMAN, Dora F. *Novos paradigmas, cultura e subjetividade*. Porto Alegre, Artes Médicas, 1996.

SERRA, P. "Physical violence in the couple relationship: a contribution toward the analysis of the context". *Family Process*, v. 32, March 1993, pp. 21-32.

SILVA, Wilma. *Afetividade e violência na família favelada: enfoque sócio-histórico*. 1990. Dissertação (Mestrado) – Faculdade de Serviço Social, Pontifícia Universidade Católica, São Paulo.

SLUZKI, C. "Violência familiar e violência política: implicações terapêuticas de um modelo geral". In: *Novos paradigmas, cultura e subjetividade*. Porto Alegre, Artes Médicas, 1996, pp. 228-43.

__________. *A rede social na prática sistêmica*. São Paulo, Casa do Psicólogo, 1997.

SOUZA, R. M. *Paternidade em transformação, o pai singular e sua família*. 1994. Tese (Doutorado) – Faculdade de Psicologia Clínica, Pontifícia Universidade Católica, São Paulo.

STRAUSS, A.; CORBIN, J. *Basics of Qualitative Research Grounded theory Procedures and techniques*. Califórnia, Sage Publications, 1990.

SULLIVAN, Cris; CAMPBELL, Rebecca; ANGELIQUE, Holly et al. "An advocacy intervention program for women with abusive partners: six-month follow-up". *American Journal of Community Psychology*, v. 22, n. 1, 1994, pp. 101-19.

VAIN, Leonor. "La mujer, victima señalada de la violencia doméstica". *Revista de Prevencion, Salud y Sociedad*, v. 1, Septiembre 1988, pp. 36-40.

VICENTE, Reginandréa G. *Filho de peixe, peixinho é? Um estudo exploratório sobre a perpetuação da pobreza através da gravidez adolescente*. São Paulo, Núcleo de Estudos da Família e Comunidade/PEPG Psicologia Clínica/PUC, 1996, não publicado.

WIGLEY, Mark. "A desconstrução do espaço". In: *Novos paradigmas, cultura e subjetividade*. Porto Alegre, Artes Médicas, 1996, pp. 152-71.

WOFFORDT, S.; MIHALIC; MENARD. "Continuites in marital violence". *Journal of Family Violence*, v. 9, n. 3, 1994, pp. 195-225.

WOLF-SMITH, Jane H.; LAROSSA, Ralph. "After he hits her". *Family Relations*, v. 41, July 1992, pp. 324-29.

YARDLEY, L. *Material discourses of health and illness*. Londres, Routledge, 1997.

11

De que vítima estamos falando? Situações de violência em relacionamentos conjugais

LILIAN GODAU DOS ANJOS PEREIRA BIASOTO

Quando ouvimos falar em violência, de imediato nos percebemos tentando identificar quem é o responsável por ela. É natural que tentemos identificar onde está o culpado, aquele que a pratica, e logo após nos voltamos àquele que a "sofreu". Quando isso está relacionado à violência das guerras, das ruas, das gangues, podemos até fazer um exercício para definir vítimas e ofensores, mas e quando nos referimos à violência ocorrida nas quatro paredes de um lar?

É imediato o nosso movimento em definir, até mesmo devido à assimetria física, que a mulher é a vítima e o homem o agressor. Mas do que nos serve essa definição estanque, o que podemos fazer mediante essa separação?

Este artigo foi idealizado com base nesses questionamentos a fim de propiciar espaço de reflexão sobre tais questões que são pertinentes a todos, pois, de alguma forma, fazemos parte de um mundo em que a violência nos bate à porta e invade nossos lares via noticiários de televisão.

Sluski (1996, p. 229) aponta para a definição de violência assumida pelo DSMIIIR:

> [...] um acontecimento que vai além das experiências humanas habituais e que geraria desassossego marcante em praticamente qualquer pessoa, tal como uma ameaça ou risco de vida ou integridade física, uma ameaça séria ou dano aos filhos, cônjuges, parentes próximos ou amigos; a destruição súbita do lar ou da comunidade; ou presenciar o dano ou morte de outra pessoa como resultado de acidente ou violência física. (Relatório da APA – American Psychology Association, 1987)

Apresentada dessa forma, a definição de violência abarca seus diferentes níveis de ocorrência e por diversos ângulos, mas reflete a complexidade, bem como a dimensão devastadora de sua repercussão. Pensando-se na violência inserta no relacionamento conjugal e familiar é possível levantarmos algumas peculiaridades. A violência circunscrita em uma relação conjugal congrega algumas questões importantes a serem observadas. Não é uma atuação em direção a um desconhecido, nem tampouco um episódio desvinculado de contexto, mas contém em si um grande descontentamento; é a concretização de diversos sentimentos de um sobre o outro, daquilo que não consegue ter vazão de outra forma, é um grande exercício de controle. A dominação física surge como um significado efetivo não somente pelo aspecto físico, mas também como forma de subordinação moral (Serra, 1993).

Quando falamos *a* violência, é como se sinalizássemos a existência de uma única violência, e que de alguma forma ela pudesse traduzir-se para cada indivíduo, mas como pontua Novo (1996), temos de entender as várias violências, compreendendo seus diversos contextos e particularidades. No momento em que podemos pensar que a violência não é uma categoria única, mas se traduz de acordo com cada indivíduo, ou seja, o reconhecimento que se tem sobre tais situações, é possível assumir uma atitude diante da atuação sobre questões relacionadas à violência que possibilitem uma aproximação das pessoas envolvidas, compreendendo o que elas próprias identificam como violência em seu relacionamento, nesse sentido, propiciando um atendimento mais eficaz.

À medida que dicotomizamos os eventos violentos à procura de uma vítima e, conseqüentemente, de um agressor, nos propomos a assumir uma dessas posições como válida e, portanto, invalidamos a outra parte. Os relatos sobre a violência ocorrida nos relacionamentos amorosos provocam no ouvinte um movimento de aproximação e aliança em direção ao narrador, principalmente quando aquele que narra o fato é quem mais "sofreu" com a situação violenta. Em geral, o narrador é identificado como a vítima da situação e o dito agressor, aquele que cometeu o ato violento. Muitos estudos tratam de situações de violência no contexto familiar, abordando sua incidência. Quantas pessoas e famílias vivem a violência conjugal e doméstica, conforme verificado por Sternberg e Lamb (1999) e Rudo e Powell (1996), existindo alguns pontos obscuros nesse sentido. A tentativa de quantificar a violência faz-se no intuito de chamar a atenção para um fato que esteve durante muitos anos restrito às quatro paredes do lar, tornando-a assunto de foro íntimo, relativizando seus efeitos e eximindo o Estado de qualquer medida de proteção a essas pessoas envolvidas em situações de risco e violência.

Os dados obtidos sobre episódios violentos, registrados em boletins de ocorrência nas delegacias, não correspondem com fidedignidade aos números reais de ocorrência de violência familiar. Isso se deve ao fato, ainda muito presente, da naturalização da violência no contexto doméstico, como se a existência de interações violentas no âmbito do casal tivesse certa "permissão" para ocorrer. Alguns ditos populares acabam refletindo o imaginário sobre a violência no contexto conjugal como: "Em briga de marido e mulher ninguém mete a colher", "Ele pode não saber por que está batendo, mas com certeza ela sabe por que está apanhando", ou até como sinaliza a canção: "...se de dia a gente briga, a noite a gente se ama e as nossas diferenças a gente tira na cama...".

Portanto, a tentativa de mensurar a incidência de episódios violentos é uma tarefa impossível, tanto pela dificuldade na percepção sobre o que é ou não violento quanto pela dificuldade de notificar todo e cada episódio. Algumas desculpas para os atos violentos são levantadas, como: a associação da violência ao desemprego masculino, o abuso de substâncias tóxicas, o abuso do álcool, perda de controle, a influência da família do cônjuge, diferenças sobre a educação dos filhos, esses são alguns pontos abordados na tentativa de dar sentido à situação vivida.

Segundo Bruner (1997), o ser humano tem a necessidade de dar sentido aos eventos de sua vida, imprimindo-lhes coerência, dando-lhe significado. É insustentável para qualquer pessoa fazer parte de uma história que não tenha sentido; por isso a tentativa na atribuição de significado se dá com o intuito de instaurar alguma ordem para o caos que determinadas situações criam. Nesse sentido, como aborda o autor, as nossas narrativas criam mundos, portanto é imprescindível perceber a dimensão das narrativas que envolvem os casais com um padrão de relacionamento violento.

Paula (1995) tenta identificar fatores que podem ser predisponentes à violência, procurando com isso levantar alguns pontos significativos de estresse que podem gerar brigas entre os casais e, conseqüentemente, interações violentas. O autor chama a atenção para fatores como: gravidez indesejada, gravidez na adolescência, abuso de substâncias tóxicas e de álcool, entre outros.

A identificação de fatores que predispõem à emergência da violência está no sentido de auxiliar os técnicos a assumir uma atitude mais investigativa sobre o discurso dos clientes, procurando de fato depreender, da demanda trazida, aspectos por vezes pouco identificados por eles.

A importância do desenvolvimento de trabalhos, programas e grupos de apoio que atendam pessoas, membros da família que vivem em situação de violência, está na possibilidade de criar situações em que cada indivíduo possa reconhecer-se ao lado de outras pessoas que experienciam questões similares às suas. Isso torna possível um maior reconhecimento acerca da situação vivida; a troca entre pessoas envolvidas nos grupos de pré-mediação, por exemplo, gera novos recursos para cada membro envolvido no sentido de encontrar estratégias de proteção mais eficazes. A prática no atendimento desses grupos demonstra sua importância e eficácia em casos de violência ocorrida no âmbito conjugal e doméstico na criação de espaços para seus participantes refletirem acerca da situação em que estão insertos; na maior apropriação de seus problemas e na busca de soluções para eles; na identificação das outras formas de violência que coexistem em seus relacionamentos, bem como na desnaturalização da violência.

A literatura possibilita perceber a quantidade de instrumentos de intervenção, abordagens e profissionais voltados para a questão da violência e o quanto a violência é um assunto de grande repercussão e preocupação em diversos setores da sociedade, mesmo de políticas públicas, mas pode-se observar que em sua maioria ainda há uma visão segmentada do fenômeno, restringindo as intervenções a medidas tópicas e generalizadas, atribuindo-se também maior atenção de acordo com a severidade do ato violento, perdendo-se a dimensão das várias violências que coexistem nas relações entre as pessoas, e mesmo sua co-autoria e co-construção. A eleição de um instrumento de intervenção em que não só o conflito seja levado em consideração na busca de alternativas não-violentas para as interações, mas também aqueles que estão nele envolvidos e a noção de suas necessidades e de seus desejos, pode ser de grande eficácia na mudança das interações conjugais violentas.

Sob essa ótica, a mediação pode ser utilizada como um instrumento de intervenção em casos de violência conjugal, possibilitando maior apropriação dos próprios atos por parte de seus atores, de suas escolhas e da forma como conduzem sua relação. Propondo-se ao aprimoramento das habilidades comunicacionais dos casais na condução de seus conflitos, cria alternativas para lidar com os confrontos de forma cooperativa, em que soluções mutuamente vantajosas e aceitáveis para as divergências existentes possam ser alcançadas. Como um processo de atendimento focado em questões bastante específicas, a mediação não se detém nem expande a análise dos problemas emocionais subjacentes às famílias, centrando-se nas narrativas; seu espaço é o inter-relacional, e não o intrapsíquico, sendo que as emoções são abordadas indiretamente (Eliçabe-Urriol, 1993; Cobb e Sluski, 1997).

A dificuldade de percepção dos envolvidos em situações de violência será ilustrada no exemplo a seguir, pelo atendimento realizado com Janete (nome fictício), em um grupo de pré-mediação de mulheres na Pró-Mulher, Família e Cidadania.

Janete procura atendimento para separar-se do marido, sem sinalizar nenhuma outra questão associada à sua decisão, a não ser a irresponsabilidade dele quanto às despesas domésticas.

> *Janete, 38 anos, três filhos, casada há 17 anos com Amaro, procura um serviço para orientação jurídica, a fim de "dar um basta"* (sic) *à situação em que vive. Na verdade seu discurso, desde a sua chegada, é de que não pretendia separar-se, mas que não estava encontrando alternativa, visto que seu marido estava pouco envolvido no relacionamento conjugal, não cooperando com as despesas domésticas e tampouco com a educação dos filhos.*

Após um contato mais aprofundado com Janete no grupo, foi possível verificar uma série de outras questões que ela própria não relacionava com sua intenção de mudar a forma que seu casamento vinha assumindo.

> *Ela relata que o marido tem relacionamentos extraconjugais, passando boa parte de seu tempo fora de casa. Janete contraiu dele uma doença sexualmente transmissível denominada HPV, e ele não teve nenhuma preocupação com ela, não a auxiliou em seu tratamento médico, como também não procurou tratamento para si. Nesses anos de convivência sempre houve agressões verbais, e alguns episódios de violência física. Janete apresenta-se desvitalizada, enfraquecida, não conseguindo assumir nenhuma mudança sobre essa situação, e colocando-se sempre à mercê das atitudes e decisões do marido. Convenciona sua decisão de separar-se do marido a uma atitude dele: ele a mandou "procurar os seus direitos", e ela o fez, mas a contragosto. Janete percebe que a situação conjugal está insatisfatória para si, mas a perspectiva de rompimento a amedronta, diz gostar de seu marido e que desejaria que ele mudasse seu comportamento.*

Relatos como o de Janete são bastante comuns, em que as mulheres em determinados momentos da vida procuram ajuda para "mudar" a maneira que vêm vivendo, o que muitas vezes está relacionado com uma tentativa de mudar o marido. Em muitos casos, a procura de ajuda é apenas uma maneira de externalizar seu sofrimento, e de fato pouca coisa vão fazer para buscar uma mudança efetiva. Esta procura refere-se a um tipo de auxílio que intervenha na situação e elimine o problema, o que de fato é impossível. Em casos de violência conjugal, os serviços de proteção, como as delegacias de defesa da mulher, são mecanismos utilizados pelas mulheres para que de alguma forma coloquem limites em seus companheiros, "assustando-os" com medidas, como os boletins de ocorrência, ou o fato de serem convocados nas delegacias para prestar esclarecimento. Tendo alcançado esse objetivo, muitas delas retiram a queixa para não "prejudicar" o companheiro, na expectativa de que essa medida o impeça de novas investidas contra elas, o que de fato não acontece.

O contato com outras pessoas que vivenciem situações semelhantes, a possibilidade de refletir sobre a própria experiência, na maioria das vezes, fazem com que as mulheres que procuram atendimento para "saírem" desse ciclo de denúncia/retirada da queixa e separação/reconciliação consigam alterar seu modo habitual de lidar com a violência conjugal, buscando, de fato, novas soluções para suas vidas.

A violência é um tema bastante difícil de ser estudado, como sinaliza Smigay (2000) ao falar sobre o alcance de sua tese de doutorado, ou seja, os trabalhos desenvolvidos sobre o assunto não o esgotam, visto estarmos longe de escrever uma história definitiva sobre a violência. É um tema complexo também por suas implicações éticas, sociopolíticas e metodológicas, que dificultam a pesquisa e sua documentação. Autores como Rudo e Powell (1996), Sternberg e Lamb (1999) e documentos de pesquisa da Washington State University (1995) concordam no sentido de que as estimativas alcançadas pelos estudos diferem muito de acordo com a forma como esses comportamentos são definidos.

Janete identifica os comportamentos violentos do marido apenas quando este se torna agressivo fisicamente, demonstrando grande dificuldade em encontrar saídas para a sua situação, depositando na instituição que a atende, ou na delegacia que procura, a responsabilidade no estabelecimento de limites para o comportamento do marido e mesmo na mudança de sua situação. Em muitas definições sobre o que vem a ser violento, leva-se em conta um critério de dano, e nesse sentido, ao observar-se a situação vivida por Janete, os danos são profundos e pouco reconhecidos por ela. Nota-se nesse relato que a pessoa percebe-se como vítima e sinaliza o outro como o seu agressor, que as definições sobre os papéis conjugais esperados por ambos estão baseadas nos papéis tradicionais sobre o que é ser homem e ser mulher, mas convivem com demandas de desempenho, moldadas em um modelo mais igualitário, em que é possível que a mulher contribua mais efetivamente para o orçamento doméstico, o que valida a afirmação de Figueira (1987) sobre como se consolidam demandas modernas em estruturas arcaicas.

É interessante observar que a necessidade de garantir o que é definido como função masculina para Janete, marido-provedor, lhe permite o exercício da sexualidade fora da conjugalidade, contanto que os outros pilares definidores de seu papel sejam cumpridos. À medida que isso não ocorre, o sistema familiar entra em colapso, pois de alguma forma Janete se manteve fiel ao acordo implícito sobre seu casamento, inclusive obtendo autorização do marido para desfazer-se dessa relação.

A idéia de supremacia, poder e prestígio masculino, cujo exercício sobre a mulher é identificado como machismo, garantiu durante muito tempo uma identidade para o homem, em que era possível a manutenção do controle sobre a mulher como um aspecto natural e vinculado à sua virilidade. Essa forma de conjugalidade ocasiona uma estrutura relacional com alto grau de tensão e com grande possibilidade de surgimento de situações violentas. A representação de masculinidade e virilidade encontrada ainda no imaginário masculino influencia sobremaneira na estruturação de papéis que vão orientar as relações entre homens e mulheres, ou seja, as relações homem–mulher ainda estão embasadas por esse paradigma, apesar da emergência de novas ideologias.

Em outro relato de atendimento, realizado com um casal em situação de mediação, é possível observar as narrativas de ambos os cônjuges, e perceber o grau de insatisfação e disparidade entre o que cada um imagina que é um relacionamento conjugal e como isso se desenha no seu cotidiano, levando-os a agressões físicas e muito sofrimento.

Marisa tem 32 anos e duas filhas pequenas (4 e 2 anos) com Jorge. Estão casados há seis anos. Marisa procura a instituição para separar-se do marido. Conta que ele é extremamente violento, verbal e fisicamente, está muito fragilizada e deprimida, e teme encontrá-lo na instituição para discutirem aspectos relativos à separação. Identifica uma série de divergências no relacionamento com o marido, e relata ainda gostar dele e que não pretendia separar-se: "Quando ele sair de casa eu sei que vai ser bem difícil..." (sic)*, mas não vislumbra outras possibilidades para ambos. Conta que Jorge é bastante apegado às filhas: "...as meninas vão dar trabalho quando ele sair de casa"* (sic)*, e que muitas das discussões entre eles são motivadas por diferentes concepções do papel que uma mulher e um homem devem desempenhar em um relacionamento. Marisa diz não conseguir fazer mais nada para o marido, identifica o momento de ruptura no relacionamento quando ele a agrediu pela primeira vez. Esperava que o marido fosse mais carinhoso consigo, alimentava sonhos de alguém que fosse seu companheiro, dividisse momentos de maior intimidade, o que é entendido pelo marido como desempenho sexual na relação do casal. Não se relacionam sexualmente, e isso para Jorge é inconcebível em um relacionamento conjugal – "...e para sexo ela é nota zero"*(sic)*. Jorge comparece ao atendimento individual e relata uma situação conjugal bastante conturbada, queixa-se muito da esposa, dizendo-se muito insatisfeito. Para ele, Marisa não cumpre corretamente com seu papel de esposa, dizendo que a casa é uma bagunça e está sempre suja. Não reconhece a dupla jornada de trabalho da esposa, e mesmo estando "temporariamente"* (sic) *desempregado, sinaliza que ajuda nas tarefas domésticas, pois sua esposa é incompetente nessa área. Demonstra* *um vínculo bastante positivo com as filhas, e em determinados momentos sinaliza o desejo de que elas fiquem com ele na separação. Jorge e Marisa namoraram por carta durante algum tempo, e estavam apaixonados, vieram do Ceará e casaram-se. Estavam entrando na igreja para o casamento e o padre que iria casá-los foi assassinado na porta da igreja. Jorge diz que deveria ter percebido que era um aviso de que o casamento seria infeliz para os dois.*

Pela violência se dá a comunicação das insatisfações, em que um tenta suplantar o outro, cada um tenta fazer com que o outro ceda, todos querem ganhar a briga. A agressão física surge para pôr fim aos sentimentos incômodos gerados por uma diferença de opiniões, de pontos de vista, é uma maneira de encerrar a angústia do conflito, apaziguar um tormento no relacionamento com o outro. Freqüentemente as partes reconhecem o significado específico das ações e palavras dentro do contexto de seu relacionamento. A violência física usualmente ocorre em uma seqüência de outras interações, não necessariamente apenas a ameaça física, mas trocas verbais violentas que afetam a todos.

Por meio da percepção acerca dos significados da agressão física para cada indivíduo, é fundamental pensar na violência sob seu aspecto relacional, a importância em ressaltá-la como um fenômeno complexo, imbricado de diversas outras questões e que, por ocorrer no seio da família, ela precisa ser percebida segundo o contexto em que ocorre, com suas especificidades e particularidades, entendendo o que é violência para aquela determinada família e casal. Para que as atuações sobre ela sejam efetivas é necessário pensar-se nas várias violências que se entrecruzam em um mesmo contexto, e ainda quais são os entendimentos sobre tais situações e juntamente com os envolvidos encontrar soluções compartilhadas para os conflitos que foram solucionados mediante atos violentos.

Não é possível, segundo esse prisma, tentar identificar vítimas ou agressores; todos são vítimas de um *continuum* de agressões, insultos, constrangimentos, violências, em que cada um é parte e todo de um mesmo sistema, que os impulsiona para idêntico padrão de funcionamento. Em muitas situações um divórcio, ou mesmo uma separação conjugal, não alivia esse movimento, podendo inclusive potencializar comportamentos de desavenças e disputas. No entanto, criar conjuntamente com os envolvidos possibilidades de soluções pacíficas se mostra um grande ganho para a manutenção de relacionamentos razoáveis no futuro.

A Mediação Familiar e conjugal vem ao encontro dessa necessidade de obter instrumentos de intervenção sobre questões relacionadas à violência, em que as partes estejam envolvidas na busca de soluções para os conflitos, que não as agressões físicas. A mediação como possibilidade de desenvolvimento de um contexto flexível para o manejo de disputas tem demonstrado sua eficácia e congrega uma série de vantagens; o mediador é o terceiro elemento que possibilita a criação de um contexto favorável à negociação das diferenças e ao estabelecimento de uma comunicação funcional.

A violência é uma das formas de resolução de conflitos, ou mesmo é gerada por eles, como forma de pôr fim ao conflito; nesse sentido, as interações entre as pessoas vão se compondo com ações e reações em uma escalada de agressividade.

A mediação propõe às partes compreenderem o conflito como a manifestação de um problema que é preciso resolver, que existe devido a uma incompatibilidade de necessidades ou interesses, e esta impossibilita a satisfação das necessidades de uma ou ambas as partes. O conflito pode também ser compreendido como um espaço para pôr em prática a tolerância e a empatia, não sendo vislumbrado apenas como um problema, mas como oportunidade de crescimento individual e relacional.

Em uma situação de mediação, cabe ressaltar que o mediador vai entrar em uma história construída pelas partes e vai utilizar-se de instrumentos e técnicas de intervenção que vão auxiliá-lo no manejo e na condução desse processo, realizado junto com as partes a fim de ampliar a escuta, as possibilidades de resolução, com vistas à preservação do relacionamento. Vale lembrar que as histórias são, em primeira instância, relatos que possuem algum objetivo por parte do narrador. A escolha por determinada seqüência, temporalidade, entonação, não se deve, portanto, a uma narração aleatória desprovida de sentido e significado, mas, sim, à motivação e intencionalidade. A respeito da eficácia dos atendimentos sobre questões relacionadas à violência familiar e conjugal, é importante ter em mente esse aspecto do discurso facilmente caracterizado como o da vítima e do agressor, pois, à medida que se aceita um discurso sem possibilitar ao casal o reconhecimento da implicação mútua na situação de violência, pouco se pode fazer para auxiliá-lo (Biasoto, 2002). Pela literatura e mediante observação empírica, muitos casais vivem durante anos relações extremamente violentas e possuem grande dificuldade em alterar a situação de convivência (Minuchin e Nichols, 1995; Vicente, 1999; Rudo e Powell, 1996). Necessitamos de técnicas que propiciem, às pessoas envolvidas nessas situações, ir além da dicotomia vítima/agressor, percebendo-se como agentes em seus relacionamentos, podendo, portanto, exprimir as necessidades, dificuldades e os desejos que ajudem a encontrar medidas eficazes e soluções não-violentas para os conflitos.

A mediação como instrumento de intervenção em casos de violência conjugal e familiar mostra-se útil na medida em que dá condições de maior apropriação dos próprios atos aos seus atores, de suas escolhas e a responsabilidade pela condução de sua relação. Propõe-se ao aprimoramento das habilidades comunicacionais dos envolvidos na condução de seus conflitos, criando alternativas para lidar com os confrontos de forma cooperativa, de modo que possam alcançar soluções mutuamente vantajosas e aceitáveis para as divergências existentes.

A visão dicotômica de vítimas e agressores, e sua conseqüente necessidade em definir-se um ou outro como tal, arraigada na mentalidade popular (e muitas vezes técnica), aprisiona a todos em posições fixas, impedindo que os envolvidos nessas situações possam experimentar outros papéis e assumir a fragilidade de tais atitudes. Responder à pergunta-título só é possível se a preocupação for assumir uma única versão da história ou admiti-la sem considerar sua co-construção.

Referências bibliográficas

BIASOTO, L. G. A. P. *Violência conjugal: um estudo de caso.* 2002. Dissertação (Mestrado) – Faculdade de Psicologia Clínica, Pontifícia Universidade Católica, São Paulo.

BRUNNER, J. *Atos de significação.* Porto Alegre, Artes Médicas, 1997, p.130.

COBB, Sara; SLUSKI, Carlos. Workshop de Mediação Familiar Transformativa, promovido pelo Centro Lationo-Americano de Mediação e Arbritagem – 1º Encontro Nacional de Mediação Familiar, de 16 a 18 de maio de 1997.

ELIÇABE-URRIOL, D. B. *Ensayo: mediación familiar interdisciplinaria.* Madri, Editorial Asociación Interdisciplinaria Española Estudios de Familia, 1993.

FIGUEIRA, S. A. "O 'moderno' e o 'arcaico' na nova família brasileira: notas sobre a dimensão invisível da mudança social". In: *Uma nova família? O moderno e o arcaico na família de classe média brasileira.* Rio de Janeiro, Zahar, 1987, pp. 11-30.

MINUCHIN, S.; NICHOLS, M. P. A *cura da família. Histórias de esperanças e renovação contadas pela terapia familiar.* Porto Alegre, Artes Médicas, 1995.

NOVO, H. *A dimensão ético-ofetiva dos discursos sobre a violência: implicações para o processo de convivência social.* 1996. Tese (Doutorado) – Faculdade de Psicologia Social, Pontífica Universidade Católica, São Paulo.

PAULA, R. F. de. "Fatores predisponentes para violência física contra esposas". *Neurobiologia* – Revista de Neurologia Psiquiatria Neurocirurgia, v. 58, Recife, abril-junho 1995, pp. 57-64.

RUDO, Z. H.; POWELL, D. S. Family violence: a review of the literature. Family Process – Florida Mental Health Institute, August, site – internet, 1996.

SERRA, Piera. "Physical violence in the couple relantionship: A contribution toward the analysis of the context". *Family Process*, v. 32, March 1993, pp. 21-33.

SMIGAY, K. E. *Relações violentas no espaço da intimidade. Drama privado ou tragédia pública?* 2000. Tese (Doutorado) – Faculdade de Psicologia Social, Pontifícia Universidade Católica, São Paulo.

SLUSKI, C. "Violência familiar e violência política: implicações terapêuticas de um modelo geral". In: *Novos paradigmas, cultura e subjetividade*. Porto Alegre, Artes Médicas, 1996, pp. 228-43.

STERNBERG, K. J.; LAMB, M. E. "Violent families in parenting and child development". In: *Nontraditional families*. New Jersey, Lawrence Erlbaum Associates, Publishers, 1999, pp. 305-25.

VICENTE, R. G. *Ruim com ele, pior sem ele? Uma investigação com mulheres vítimas de violência*. 1999. Dissertação (Mestrado) – Faculdade de Psicologia Clínica, Pontifícia Universidade Católica, São Paulo.

Autores

CARLA REGINA MOREIRA

É graduada em Serviço Social pela FAPSS/SP, com formação como Mediadora Familiar pelo instituto de Formação de Mediadores, em Buenos Aires. Coordena diversos projetos na área familiar, bem como de recursos socioculturais e de capacitação de agentes comunitários para atuarem em situações de conflitos. É docente na disciplina de Direitos Humanos e Cidadania, tendo trabalhado como assistente social na Secretaria de Estado na Administração Penitenciária.

CÉLIA REGINA ZAPPAROLLI

Advogada militante em São Paulo há 12 anos, formada pela Pontifícia Universidade Católica de São Paulo; mestranda em Direito Processual Civil pela mesma universidade; mediadora com experiência institucional, comunitária e privada há mais de cinco anos e com especialização por diversas entidades internacionais. Desenvolveu projetos de mediação pré-legislativa e nas áreas imobiliária, de meio ambiente, intrafamiliar, societária, hoteleira e regimes legais mistos, bem como para a administração pública ao atendimento à vítima, egresso e penas alternativas.

CLAUDIA ROSA BAPTISTA

Formada em Serviço Social pela PUC-SP. Fez cursos complementares em Mediação nas organizações; assistente social da Pró-Mulher, Família e Cidadania em convênio com a Procuradoria Geral do Estado; atua junto à PGE na área de Direito de Família. Foi formada mediadora pela Bilden Entidad Formadora em Mediación, de Buenos Aires, em 2002.

DÉBORAH KÁTIA PINI

Advogada formada pelas Faculdades Metropolitanas Unidas, pós-graduada *latu sensu* em Direito Civil também pelas Faculdades Metropolitanas Unidas. Advogada e mediadora no período de 1995-2001 na Pró-Mulher, Família e Cidadania, atualmente conselheira deliberativa nesta ONG. Advoga para a Multinacional Wurth do Brasil Peças de Fixação Ltda., na área cível, principalmente nas relações de consumo, contratos, procedendo, inclusive, a treinamentos e palestras para os funcionários sobre estas questões, visando à prevenção e solução de conflitos.

EUNICIANA PELOSO DA SILVA

Assistente social, com mestrado em Serviço Social. Doutoranda da PUC-SP. com pesquisa na área de gênero e relações familiares. Formação e aperfeiçoamento em coordenação de grupo operativo. Especialista em família pela PUC-SP. Tem formação em Mediação, Negociação e Administração de Conflitos em Empresas, Famílias e Organizações. Trabalhou no programa Saúde Integral do Adolescente, da Secretaria de Saúde do Estado de São Paulo. Assistente social e assistente técnica de direção do sistema penitenciário, coordenando projeto com ex-presidiários e famílias de sentenciados. Como assistente social da Pró-Mulher, Família e Cidadania, desenvolveu e supervisionou trabalhos com famílias vítimas de violência doméstica, por meio da técnica de Mediação Familiar.

JOSÉ SOLLERO NETO

Psicólogo formado pela PUC-SP em 1973, especializou-se nas áreas de Psicologia Social e do Trabalho. Atuou em treinamento e aconselhamento e desenvolveu-se nas técnicas de Mediação Social em trabalho realizado na Pró-Mulher, entre 1996 e 1999, no bairro do Itaim Paulista.

LILIAN GODAU DOS ANJOS PEREIRA BIASOTO

Graduada em psicologia e mestre em psicologia clínica pela PUC-SP, atua como psicóloga em diversos projetos do Pró-Mulher Família e Cidadania, além de outras organizações comunitárias e consultório particular. Nos últimos anos tem se dedicado consistentemente ao estudo e atuação na área de Mediação de Conflitos, com diversos cursos no Brasil e no exterior. É membro do Núcleo de Capacitação e Pesquisa do Pró-Mulher e autora de vários trabalhos sobre violência doméstica e conjugal.

MALVINA MUSZKAT

Psicanalista, mestre em Psicologia Clínica pela PUC-SP. Especialista em Mediação Familiar pelo Instituto de Mediação, Negociação e Arbitragem Fundacion Diálogos, Bilden-Entidad/ Argentina e pelo Instituto Brasileiro de Mediação em São Paulo. Dá atendimento clínico para adultos e famílias e atua em projetos de pesquisa, em assessoria para programas voltados para Organizações e Políticas Públicas nas áreas de Sexualidade, Violência, Educação, Saúde, Cidadania e Direitos Humanos. Desde 1983 vem publicando livros e artigos em revistas sempre voltados para a temática de violência e relações de gênero.

MÁRCIA CASSIANA ROSA

Responsável pela direção de equipamento na área jurídico-social e de arte e educação; coordena equipes nas áreas de violência urbana e doméstica, e programas governamentais de criança em situação de abrigamento (violência sexual e física). É supervisora técnica em programas governamentais de creche/pré-escola, clubes da turma, abrigos (criança, adolescente e terceira idade). Coordena grupos de estudos de saúde global, violência e Mediação de Conflitos. Realiza consultoria para técnicos da área da saúde e educação. Atualmente, dirige uma unidade da Coordenadoria de Integração da Cidadania na Zona Leste, subordinada à pasta da Secretaria da Justiça e Defesa da Cidadania.

MARTA QUAGLIA CERRUTI

Psicóloga formada pela PUC-SP, é membro efetivo do Instituto Sedes Sapientiae e psicanalista responsável pelo atendimento de mulheres em grupos de pré-mediação no Pró-Mulher, Família e Cidadania. Tem coordenado grupos de orientação a mulheres envolvidas em situações de violência doméstica e participado de atendimento a famílias em psicoterapia no Laboratório de Estudos da Família, Gênero e Sexualidade do Instituto de Psicologia da USP.

REGINANDRÉA GOMES VICENTE

Mestre em Psicologia: Psicologia Clínica Núcleo de Família e Comunidade – PUC-SP. Bacharel em Psicologia e formação como psicóloga (PUC-SP). Professora-adjunta da Universidade Paulista (UNIP) na disciplina Psicologia do Desenvolvimento I, II, III, IV, membro do Núcleo de Capacitação e Pesquisa em Mediação da Pró-Mulher, Família e Cidadania, membro do Grupo IPÊ (Intervenções Psicológicas em Emergência), psicóloga clínica – atendimento psicoterapêutico, desenvolvido em consultório particular, destinado a adultos, adolescentes e casais.

RENATA LEV

É graduada em Direito pela USP e em Propaganda e Marketing pela ESPM. Foi estagiária de Direito na Procuradoria do Estado de São Paulo e em escritório experimental da OAB, onde atuou no atendimento à população carente. Atualmente é consultora e advogada especializada na área cível, especialmente em Direito Contratual, Família e Sucessões.

ROSANE MANTILLA DE SOUZA

Psicóloga, mestre e doutora em Psicologia Clínica pela PUC-SP. Professora titular no Programa de Pós-Graduação em Psicologia Clínica da mesma universidade. Autora e orientadora de pesquisas e trabalhos sobre conflitos familiares, necessidades dos membros dos diferentes arranjos familiares da atualidade, promoção de saúde e convivência. Formada em Mediação pelo New México Center For Dispute Resolution (USA) e pela Fundação Diálogos (Argentina), tendo atuado em prevenção de conflitos em diversos projetos e instituições.

SUSANA MUSZKAT

Formada pelo Instituto de Psicologia da USP. Psicanalista pelo Instituto da Sociedade Brasileira de Psicanálise de São Paulo e mestranda do Instituto de Psicologia da USP na área da Psicologia Social e do Trabalho. Formada Mediadora pelo Bilden Entidad Formadora em Mediación de Buenos Aires. É analista de adolescentes, adultos e famílias e na PMFC exerce funções pedagógicas e media os grupos masculinos em pré-mediação.